ミンタラ③

アイヌ民族《みんぞく》 33のニュース

北原モコットゥナシ・瀧口夕美 編著

小笠原小夜 絵

北海道新聞社

ミンタラ③ アイヌ民族《みんぞく》33のニュース もくじ

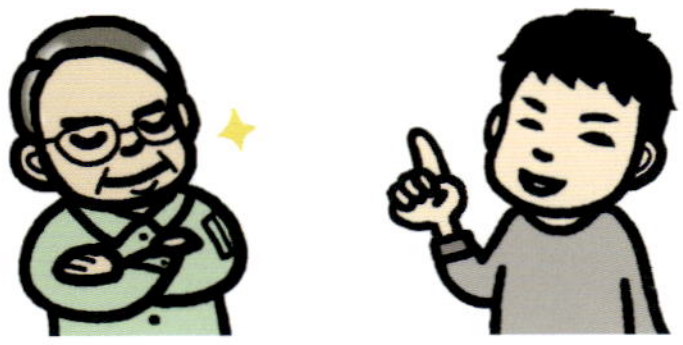

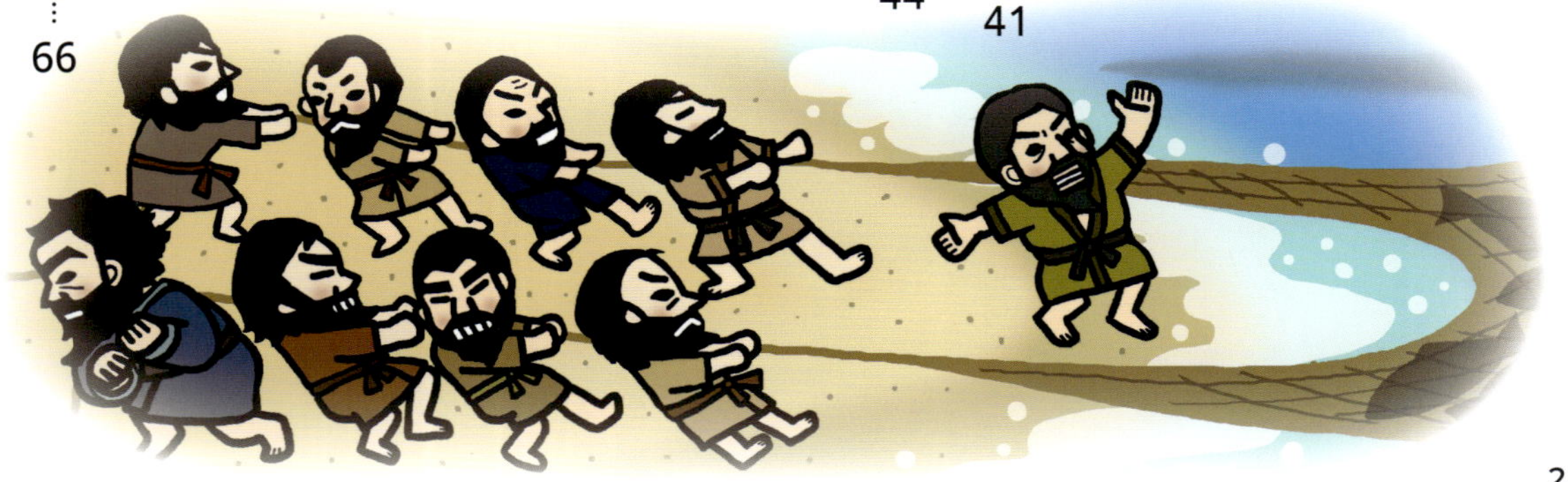

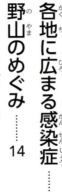

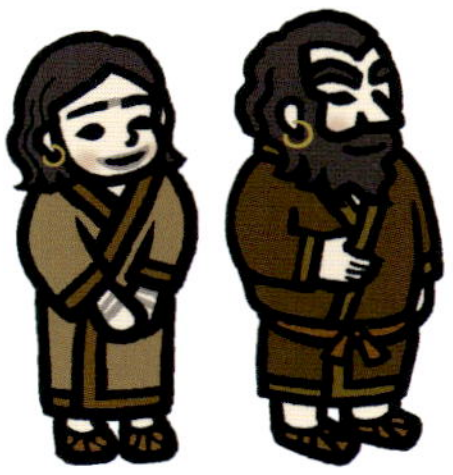

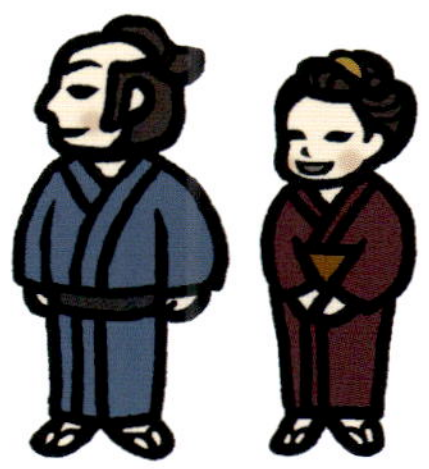

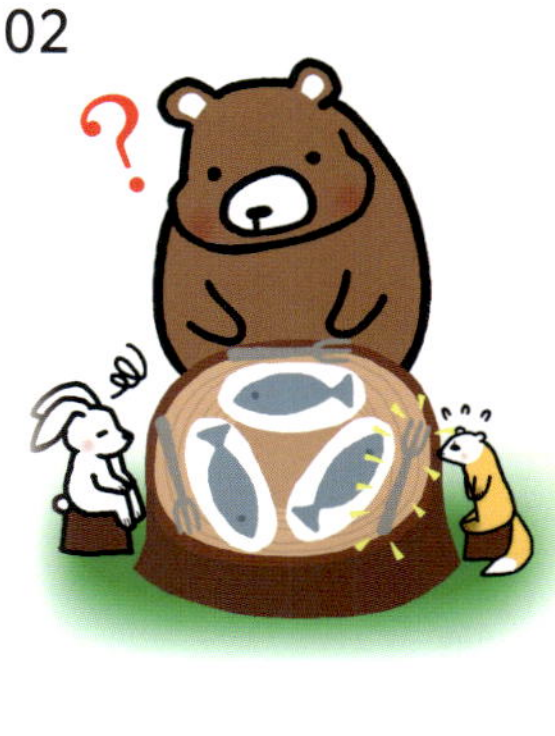

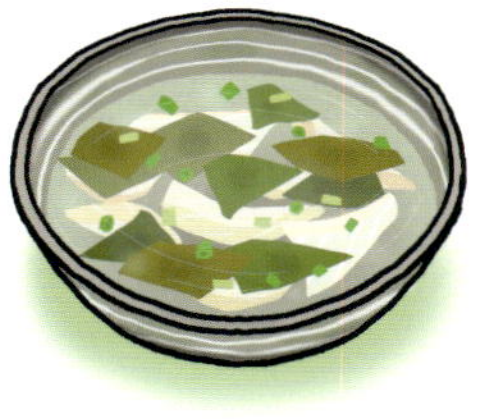

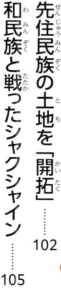

読者《どくしゃ》のみなさんへ

いろいろなニュースにふれるとき、まわりの人《ひと》と「どう感《かん》じたか」を話《はな》し合《あ》ったことはありますか。

その人《ひと》の感《かん》じ方《かた》、ものの考《かんが》え方《かた》は、その人《ひと》が生《う》まれた地域《ちいき》や、民族《みんぞく》、家《いえ》の中《なか》での暮《く》らし方《かた》や体験《たいけん》したことがもとになって作《つく》られていきます。同《おな》じ話題《わだい》でも、人《ひと》によって受《う》け止《と》め方《かた》、感《かん》じ方《かた》が違《ちが》うことがあります。

この本《ほん》を書《か》いている3人《にん》は、それぞれ出身《しゅっしん》や立場《たちば》の違《ちが》うアイヌ民族《みんぞく》です。小笠原《おがさわら》小夜《さよ》さんは、すべてのコーナーにステキなイラストをそえてくれています。料理《りょうり》や似顔絵《にがおえ》のほか、ニュースに出《で》てくるさまざまな話題《わだい》をわかりやすいように絵《え》で説明《せつめい》し、4コマ漫画《まんが》もえがいてくれました。

私《わたし》（北原《きたはら》）は、ニュースを見《み》ていて興味《きょうみ》を持《も》った話題《わだい》を紹介《しょうかい》します。中《なか》には「これはアイヌ民族《みんぞく》と結《むす》びつくの？」と思《おも》える話題《わだい》もあるかもしれません。日本《にほん》に暮《く》らす外国人《がいこくじん》や異性装《いせいそう》、ＬＧＢＴＱ＋《エルジービーティーキュープラス》、障《しょう》がい者《しゃ》の話題《わだい》なども、私《わたし》にとってはアイヌ民族《みんぞく》と関《かか》わると感《かん》じるテーマです。それは、読《よ》む人《ひと》によっては思《おも》いがけない見方《みかた》かもしれません（気《き》になる人《ひと》は、マイノリティーとマジョリティーについてのコラムを書《か》いたので読《よ》んでみてください)。

瀧口夕美《たきぐちゆみ》さんは2つのコーナーを担当《たんとう》しました。アイヌ民族《みんぞく》について知《し》ろうとするとき、すてきな本《ほん》との出会《であ》いは、とても良《よ》い入口《いりぐち》になります。瀧口《たきぐち》さんのセレクトで、アイヌ民族《みんぞく》が書《か》いた本《ほん》、アイヌ民族《みんぞく》について書《か》いた本《ほん》を紹介《しょうかい》してもらっています。漫画《まんが》もありますよ。

イペアンローのコーナーでは、アイヌ民族《みんぞく》の料理《りょうり》の紹《しょう》介《かい》をし、いくつかは瀧口《たきぐち》さんが作《つく》ってみています。昔《むかし》から食《た》べられているものだけでなく、新《あたら》しい料理《りょうり》方法《ほうほう》や食《しょく》材《ざい》が加《くわ》わっています。

ニュースと本《ほん》と食《しょく》にマンガ。3巻《かん》はいろいろな切《き》り口《くち》から楽《たの》しんでみてください。

ミンタラは道新《どうしん》こども新聞《しんぶん》「まなぶん」、ウェブ版《ばん》「まなぶんデジタル」で読《よ》めます！

道新《どうしん》こども新《しん》聞《ぶん》 まなぶん

第《だい》2・第《だい》4土曜日《どようび》の
北海道新聞《ほっかいどうしんぶん》に折《お》り込《こ》み

ミンタラ
アイヌ語で「広場」の意味

アイヌ民族《みんぞく》の人《ひと》たちが担当《たんとう》するコーナー。四季《しき》の暮《く》らしや文化《ぶんか》、英雄《えいゆう》の物語《ものがたり》などをやさしい文章《ぶんしょう》やイラストで伝《つた》えます。

みらいをつくる SDGsな社会《しゃかい》へ

国連《こくれん》の「持続可能《じぞくかのう》な開発目標《かいはつもくひょう》（SDGs）」をテーマに、私《わたし》たちの生活《せいかつ》や環境《かんきょう》を良《よ》くするために工夫《くふう》をしている北海道《ほっかいどう》の会社《かいしゃ》や団体《だんたい》の取《と》り組《く》みを紹介《しょうかい》します。

まなぶんデジタル

北海道新聞社

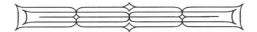

第《だい》1章《しょう》

時《じ》事《じ》

オリンピック・パラリンピック
多様性《たようせい》の大切《たいせつ》さ

オリンピック・パラリンピックの話題《わだい》です。

この祭典《さいてん》では、選手《せんしゅ》たちの競技《きょうぎ》とともに、開幕《かいまく》セレモニーも大《おお》きな目玉《めだま》の一《ひと》つです。単《たん》にスポーツの大会《たいかい》としてだけでなく、開催《かいさい》する国《くに》が持《も》っている世《よ》の中《なか》についての考《かんが》え方《かた》、歴史《れきし》や未来《みらい》に向《む》けての思《おも》いを発表《はっぴょう》する場《ば》でもあります。

2000年《ねん》に開催《かいさい》されたシドニー五輪《ごりん》の新聞記事《しんぶんきじ》を読《よ》むと、開幕《かいまく》セレモニーの演出《えんしゅつ》をしたリック・バーチかんとくは「先住民族《せんじゅうみんぞく》にこうけんする五輪《ごりん》」という考《かんが》えに立《た》って、この国《くに》の先住民族《せんじゅうみんぞく》アボリジニの文化《ぶんか》を大《おお》きくしょうかいし、ヨーロッパから移住《いじゅう》した人《ひと》びととの和解《わかい》を表現《ひょうげん》しました。

ほかにも1994年《ねん》のリレハンメル冬季五輪《とうきごりん》、2010年《ねん》のバンクーバー冬季五輪《とうきごりん》、16年《ねん》のリオデジャネイロ五輪《ごりん》

などで、先住民族《せんじゅうみんぞく》の文化《ぶんか》がしょうかいされています。12年《ねん》のロンドン五輪《ごりん》では、アフリカやアジアなどさまざまな地域《ちいき》から移《うつ》り住《す》んだ、50以上《いじょう》の言葉《ことば》を話《はな》す人《ひと》びとが参《さん》加《か》しました。

言葉《ことば》や暮《く》らし方《かた》、宗教《しゅうきょう》、考《かんが》え方《かた》 生《い》き方《かた》は様々《さまざま》

ものごとが一《ひと》つではなく、たくさん・いろいろあることを「多様性《たようせい》」といいます。言葉《ことば》や暮《く》らし方《かた》のほかにも、宗《しゅう》教《きょう》や考《かんが》え方《かた》、女性《じょせい》や男性《だんせい》としての生《い》き方《かた》にも、多様性《たようせい》があります。各国《かっこく》の開会《かいかい》セレモニーを見《み》てみると、世界全体《せかいぜんたい》で多様性《たようせい》を大切《たいせつ》にしていこうとしていることが分《わ》かりますね。

さて、日本《にほん》では当初《とうしょ》2020年《ねん》の夏《なつ》に東京《とうきょう》オリンピック・パラリンピックが開催《かいさい》される予定《よてい》でした。理念《りねん》のひとつは「多様性《たようせい》と調和《ちょうわ》」。新型《しんがた》コロナウイルスのえいきょうで2021年《ねん》に延期《えんき》になりました。アイヌ民族《みんぞく》の有志《ゆうし》が、数《すう》年前《ねんまえ》から会期中《かいきちゅう》にアイヌ民族《みんぞく》の文化《ぶんか》をしょうかいするために準備《じゅんび》をしていました。

オリンピック全体《ぜんたい》の開会式《かいかいしき》ではアイヌ民族《みんぞく》にふれることはありませんでしたが、マラソンと競歩《きょうほ》の競技《きょうぎ》が行《おこな》われた札幌市《さっぽろし》では、北海道各地《ほっかいどうかくち》のアイヌ民族《みんぞく》が集《あつ》まり、大通公園《おおどおりこうえん》の特設《とくせつ》ステージで踊《おど》りをひろうしました。

きょうのことば

先住民族《せんじゅうみんぞく》

世界《せかい》の多《おお》くの国《くに》は近代国《きんだいこっ》家《か》と呼《よ》ばれています。近代《きんだい》国家《こっか》は、その地域《ちいき》に暮《く》らしてきた民族《みんぞく》が作《つく》った国《くに》で、いくつかの民族《みんぞく》が一緒《いっしょ》に国《くに》を作《つく》ることもありました。

「先住民族《せんじゅうみんぞく》」とは、近代《きんだい》国家《こっか》ができる時《とき》に望《のぞ》まない形《かたち》で国家《こっか》に取《と》りこまれた人《ひと》びとのこと。そのために差《さ》別《べつ》を受《う》け、自分《じぶん》たちの土地《とち》に暮《く》らすこと、自分《じぶん》たちの生活《せいかつ》、言葉《ことば》、習慣《しゅうかん》で生《い》きることができなくなったり、健康《けんこう》に大《おお》きな悪影響《あくえいきょう》がでたり、自分《じぶん》のルーツをかくして暮《く》らさなければならなくなっていることもあります。

これは人権《じんけん》の侵害《しんがい》に当《あ》たるとして、先住民族《せんじゅうみんぞく》をこのような暮《く》らしに追《お》いこんだ歴史《れきし》の見直《みなお》しが進《すす》んでいます。日本《にほん》では、アイヌ施策《しさく》推進法《すいしんほう》という法律《ほうりつ》が2019年《ねん》にでき、アイヌは先住民《せんじゅうみん》族《ぞく》にあたることや差別《さべつ》の禁《きん》止《し》が明記《めいき》されました。

文化《ぶんか》を伝《つた》える

文化《ぶんか》は、本能《ほんのう》（人《ひと》が生《う》まれつき自然《しぜん》にする呼吸《こきゅう》、すいみん、食事《しょくじ》など）以外《いがい》の行動《こうどう》・考《かんが》え方《かた》などの全《すべ》てです。ものを食《た》べることは本能《ほんのう》で、手《て》やスプーン、はしで食《た》べる「食《た》べ方《かた》」は文化《ぶんか》です。ですから１日《にち》のすごし方《かた》のほとんどが文化《ぶんか》だといえますし、それは少《すこ》しずつ変《か》わっていきます。

ただ、外国《がいこく》の人《ひと》などに自分《じぶん》の文化《ぶんか》をしょうかいする時《とき》には、料理《りょうり》や文学《ぶんがく》、音楽《おんがく》や美術《びじゅつ》、歴史《れきし》を感《かん》じるものが一般的《いっぱんてき》。和民族文化《わみんぞくぶんか》なら着物《きもの》、三味線《しゃみせん》、すしなど特別《とくべつ》なものが多《おお》いですね。

五輪《ごりん》でアイヌ民族《みんぞく》のしょうかいを目指《めざ》していた人《ひと》たちは、アイヌ民族《みんぞく》の歌《うた》やおどり、着物《きもの》などをひろうしました。これが実現《じつげん》したことで、海外《かいがい》だけでなく日本国内《にほんこくない》の人《ひと》たちも、今《いま》のアイヌ民族《みんぞく》を知《し》る機会《きかい》にもなりました。

各地《かくち》に広《ひろ》まる感染症《かんせんしょう》

病魔《びょうま》はらう「赤《あか》い色《いろ》」や人形《にんぎょう》

2020年《ねん》から日本《にほん》でも新型《しんがた》コロナウイルスが広《ひろ》まり、人《ひと》びとは不安《ふあん》な日《ひ》びをすごしました。世《よ》の中《なか》が便利《べんり》になって、いろいろな薬《くすり》ができても、やはり病気《びょうき》はこわいもの。そんな中《なか》、「アマビエ」がしょうかいされて、かわいらしさにほっこりした人《ひと》もいるでしょう。コロナ禍《か》には病気《びょうき》の神《かみ》をはらうアイヌ式《しき》の行事《ぎょうじ》も、道内各地《どうないかくち》で行《おこな》われました。

感染症予防《かんせんしょうよぼう》のワクチン接種《せっしゅ》がヨーロッパから伝《つた》わったのは、江戸時代《えどじだい》の後半《こうはん》。そのころ人《ひと》びとを苦《くる》しめていたのは、ほうそう（天然痘《てんねんとう》）でした。これらの病気《びょうき》は、出《で》かせぎや交易《こうえき》で北海道《ほっかいどう》に来《き》た和民族《わみんぞく》からアイヌ民族《みんぞく》にも広《ひろ》まりました。新《あたら》しく入《はい》ってきた病気《びょうき》に対《たい》しては、体《からだ》の中《なか》にめんえき（病気《びょうき》をおさえる力《ちから》）がなく、重症《じゅうしょう》になります。

アイヌにも魔除《まよ》けのグッズ
密《みつ》を避《さ》けるためのキャンプも

おそろしい病気《びょうき》を前《まえ》に、和民族《わみんぞく》もアイヌ民族《みんぞく》も、病気《びょうき》を広《ひろ》める神《かみ》がいると考《かんが》えました。また、この神《かみ》をおそれる気《き》持《も》ちと、敬《うやま》う考《かんが》えが生《う》まれました。病気《びょうき》を広《ひろ》める神《かみ》は、それを止《と》めることもできるからです。和民族《わみんぞく》の文化《ぶんか》では、おそろしい神《かみ》の絵《え》や魔除《まよ》けグッズが広《ひろ》まり、ミミズクやウサギ、強《つよ》い武将《ぶしょう》などもえがかれました。これらが真《ま》っ赤《か》にえがかれているのは、赤《あか》い色《いろ》が病魔《びょうま》を遠《とお》ざけるといわれたため。ほうそうよけに赤《あか》を用《もち》いる習慣《しゅうかん》は中国《ちゅうごく》にもありました。

アイヌの魔除《まよ》けのグッズは、とげやにおいのある植物《しょくぶつ》、それに人形《にんぎょう》など。人形《にんぎょう》は強《つよ》い神《かみ》だといわれますが、どこか愛嬌《あいきょう》があります。これでも効《き》き目《め》がない時《とき》は、村《むら》をはなれて少人数《しょうにんずう》でキャンプをします。やっぱり密《みつ》をさけるのが一《いち》番《ばん》なのですね。狩猟採集《しゅりょうさいしゅう》の暮《く》らしは住《す》む場所《ばしょ》を変《か》えやすいので、病気《びょうき》を避《さ》けるには有利《ゆうり》だといいます。災害《さいがい》や病気《びょうき》はいつ人《ひと》をおそうかわかりません。いのりやまじないは、危険《きけん》をさけ、悲《かな》しいことを受《う》け止《と》める助《たす》けともなります。ただ、病気《びょうき》を自然《しぜん》や神《かみ》からの「ばつ」と考《かんが》えることは要注意《ようちゅうい》です。まるで病気《びょうき》になった人《ひと》が悪《わる》いかのようですから。病気《びょうき》の神《かみ》は人《ひと》を選《えら》びません。

きょうのことば

魔除《まよ》け

病気《びょうき》や不幸《ふこう》を起《お》こすおそろしいものを追《お》いはらうお守《まも》りなどのこと。和民族《わみんぞく》は赤《あか》い色《いろ》がほうそうをよけると考《かんが》えて、小豆《あずき》を食《た》べたりもしたとか。

アイヌ文化《ぶんか》でも樺太《からふと》では「赤《あか》い布《ぬの》を魔除《まよ》けにした」といいます。文様《もんよう》も「魔除《まよ》けだ」といわれますが、これは「?」です。アイヌ民族《みんぞく》が魔除《まよ》けに使《つか》ってきたことで知《し》られているのは、においやとげのあるもの。ギョウジャニンニクのほか、タラノキ、エンジュ、ハシドイ、ニワトコといった木《き》などを家《いえ》の戸口《とぐち》や窓《まど》のそばに置《お》きました。

アホウドリも強《つよ》いにおいで魔物《まもの》を遠《とお》ざけます。人形《にんぎょう》は見《み》た目《め》に反《はん》して「強《つよ》すぎる神《かみ》」としておそれ、よほどでないと作《つく》りません。使《つか》い終《お》わるとすぐにお礼《れい》をして、神《かみ》の世界《せかい》へ送《おく》り返《かえ》すおいのりをします。

幕府《ばくふ》は疱瘡《ほうそう》に免疫《めんえき》がないアイヌ民族《みんぞく》へ集団種痘《しゅうだんしゅとう》を行《おこな》った

「ほうそう」と「ほうそう神《しん》」

ほうそうはウイルス性《せい》の病気《びょうき》で、感染《かんせん》すると全身《ぜんしん》に発疹《ほっしん》ができ、高熱《こうねつ》が出《で》て高《たか》い確率《かくりつ》で死亡《しぼう》します。道内《どうない》のアイヌ民族《みんぞく》の間《あいだ》では1780年《ねん》ごろから何《なん》度《ど》か流行《りゅうこう》し、当時《とうじ》2万《まん》6千人《せんにん》ほどいたアイヌ民族《みんぞく》のうち、数千人《すうせんにん》が亡《な》くなったといわれます。とくに石狩地方《いしかりちほう》では、和民族《わみんぞく》が多《おお》くのアイヌ民族《みんぞく》を働《はたら》かせ、仕事場《しごとば》をはなれることを認《みと》めなかったため、被害《ひがい》が大《おお》きくなりました。このため1857年《ねん》には、幕府《ばくふ》が使《つか》い始《はじ》めたばかりのワクチンをアイヌ民族《みんぞく》に強制接種《きょうせいせっしゅ》したこともありました。

江戸時代《えどじだい》のアイヌ民族《みんぞく》には絵《え》をえがいてはいけないという文化《ぶんか》があり、神《かみ》の姿《すがた》は言葉《ことば》によって表《あらわ》しました。ほうそう神《しん》は、あられ模様《もよう》の着物《きもの》を着《き》て大勢《ぜい》の仲間《なかま》を連《つ》れて世界《せかい》を飛《と》び回《まわ》るといいます。

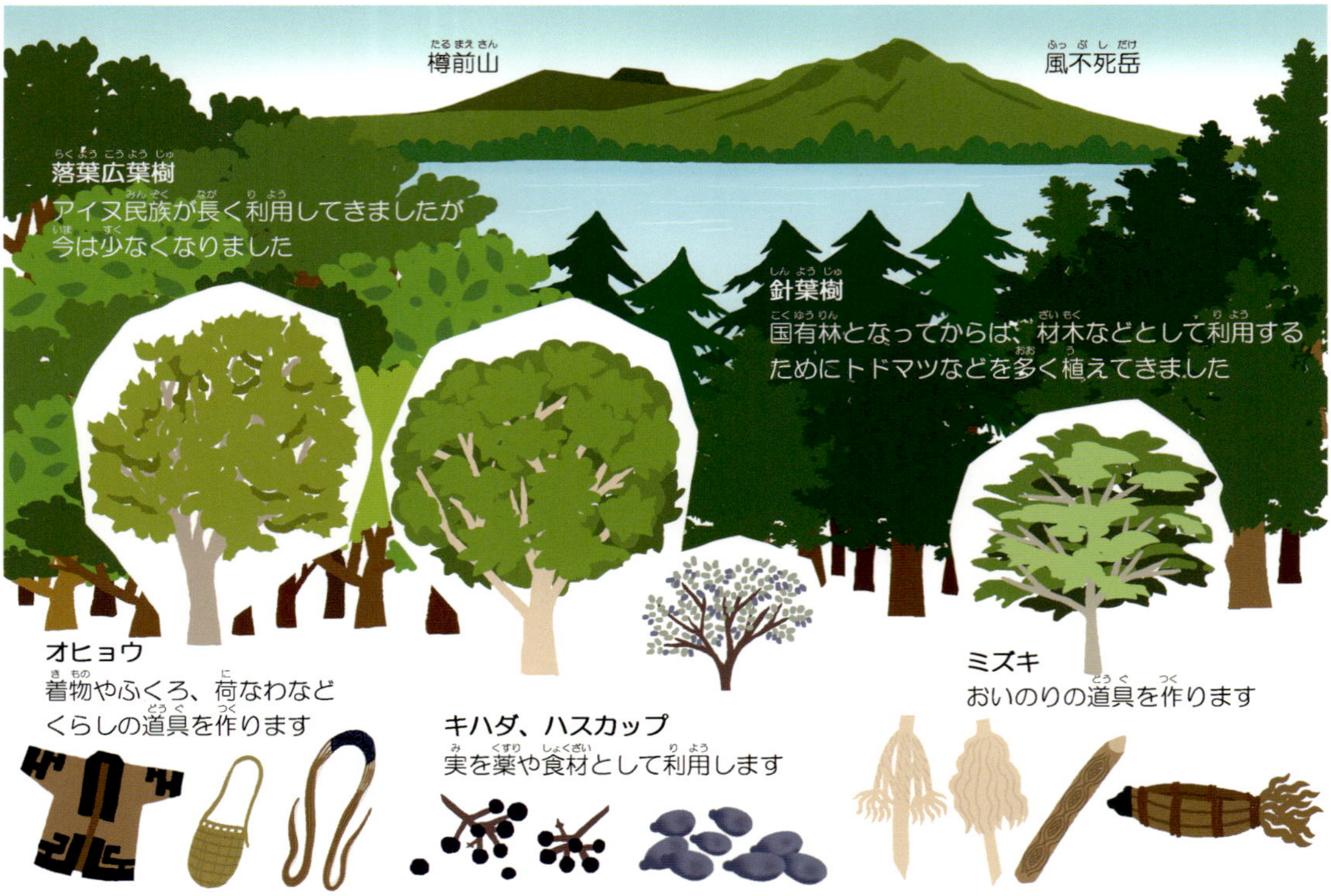

野山《のやま》のめぐみ
いただいた分《ぶん》をおかえし

国有林《こくゆうりん》の草木《くさき》を、地域《ちいき》の人《ひと》が決《き》まった目的《もくてき》のために利用《りよう》できるようにする「共用林野《きょうようりんや》」という制度《せいど》があります。

2022年《ねん》3月《がつ》、千歳市《ちとせし》にアイヌ共用林野《きょうようりんや》が生《う》まれました。2019年《ねん》にできた「アイヌ施策推進法《しさくすいしんほう》」という法律《ほうりつ》による取《と》り組《く》みです。日高地方《ひだかちほう》の新《しん》ひだか町《ちょう》に続《つづ》いて、2カ所目《しょめ》です。千歳市《ちとせし》のアイヌ協会《きょうかい》とアイヌ文化伝承保存会《ぶんかでんしょうほぞんかい》、千歳市《ちとせし》、石狩森林管理署《いしかりしんりんかんりしょ》が協力《きょうりょく》して実現《じつげん》しました。

もともとアイヌ民族《みんぞく》は、野山《のやま》のめぐみを地域《ちいき》ごとに共有《きょうゆう》し、道具《どうぐ》の材料《ざいりょう》や食《た》べ物《もの》を得《え》ていました。明治政府《めいじせいふ》が土地《とち》を日本国《にほんこく》のものとしてからは、国有林《こくゆうりん》の草木《くさき》は、1本《ぽん》ずつ許可《きょか》をとり、それらを買《か》ってから切《き》ってきました。

この制度《せいど》により2年間《ねんかん》は、千歳市《ちとせし》に住《す》んで、ものづくりやおいのりなど、アイヌ文化《ぶんか》活動《かつどう》をしている人《ひと》は、決《き》まった場所《ばしょ》で決まった大《おお》きさや量《りょう》の草木《くさき》やキノコを採《と》れることになりました。2024年《ねん》に期間《きかん》が更新《こうしん》されました。

アイヌ民族《みんぞく》と自然《しぜん》との付《つ》き合《あ》い
共用林野《きょうようりんや》を通《つう》じて学《まな》ぶ

千歳《ちとせ》アイヌ協会《きょうかい》の西村晃太《にしむらこうた》さんは、「共用林野《きょうようりんや》で手《て》に入《はい》る材料《ざいりょう》を見《み》ながら、昔《むかし》のアイヌ民族《みんぞく》が自然《しぜん》とどのようにつきあってきたかを学《まな》んだり、実際《じっさい》に材料《ざいりょう》を使《つか》って、おいのりの道具《どうぐ》などを作《つく》ったりしてみたい」と話《はな》します。

会長《かいちょう》の中村吉雄《なかむらよしお》さんは、「自然《しぜん》からいただくだけでなく、自分《じぶん》たちも植物《しょくぶつ》が育《そだ》つのを助《たす》けて、山《やま》におかえしをしたい」と言《い》います。国有林《こくゆうりん》では、材木《ざいもく》に向《む》いたトドマツなどの針葉樹《しんようじゅ》が多《おお》く植《う》えられ、アイヌ民族《みんぞく》が使《つか》ってきた落葉広《らくようこう》葉樹《ようじゅ》はすっかり減《へ》ったため「着物《きもの》にするオヒョウ、おいのりに使《つか》うミズキ、おいしくて体《からだ》にも良《よ》い実《み》がなるキハダやハスカップの山《やま》にもどしていきたい」と語《かた》ります。

「野生《やせい》のハスカップはめずらしくなってしまったが、昔《むかし》はたくさん生《は》えていて、木《き》のそばにはアリづかができていた。あの豊《ゆた》かな山《やま》をもう一度《いちど》見《み》たいんです」と中村《なかむら》さん。はじまったばかりのこの制度《せいど》が、どのような実《み》を結《むす》ぶか、期待《きたい》が高《たか》まります。

きょうのことば
自然《しぜん》の素材《そざい》

野山《のやま》で採《と》れるものから作《つく》るというと、身近《みぢか》なところでは家《いえ》の柱《はしら》などの材木《ざいもく》や紙《かみ》が思《おも》いうかびます。でも、もともとは、もっといろいろなところに山《やま》の素材《そざい》が使《つか》われていました。

オヒョウやシナノキなどの木《き》の皮《かわ》や、ヤマブドウやツルウメモドキのつる、イラクサという草《くさ》。こうしたものからは、ひもや糸《いと》を作《つく》ることができます。ひもを編《あ》んでいくと、ものを運《はこ》ぶふくろや荷《に》なわ、くつなどが作《つく》れます。糸《いと》は裁縫《さいほう》に使《つか》ったり、はた織《お》りをして布《ぬの》を作《つく》ったりすることもできますよ。

カバノキなどの木《き》の皮《かわ》をそのまま曲《ま》げれば、おたまや箱《はこ》、なべを作《つく》れます。厚《あつ》い皮《かわ》は、船《ふね》を造《つく》るのに使《つか》うほか、のばしてかわかすと、家《いえ》の屋根《やね》やかべにもなります。すごいですね！

使《つか》うことは生《い》かすこと

アイヌ民族《みんぞく》は、必要《ひつよう》な植物《しょくぶつ》を植《う》えることもありましたが、自然《しぜん》の草木《くさき》をよく利用《りよう》してきました。

草木《くさき》を切《き》ると自然《しぜん》は傷《きず》つきます。でも、草木《くさき》が増《ふ》えるには、鳥《とり》や動物《どうぶつ》に木《き》の実《み》や花《はな》のみつを食《た》べてもらい、種《たね》や花粉《かふん》を運《はこ》んでもらう必要《ひつよう》があります。人《ひと》が山《やま》に入《はい》って草木《くさき》を切《き》ることも、植物《しょくぶつ》が育《そだ》つ助《たす》けになるのです。

近年《きんねん》、クマが人《ひと》の住《す》むところに出《で》てきたり、車《くるま》との事故《じこ》が起《お》きたりしています。町《まち》や道路《どうろ》がクマのいるところまで広《ひろ》がり、人《ひと》がキャンプ場《じょう》などにゴミを捨《す》ててくることがあるためです。

また、山《やま》に入《はい》る人《ひと》が減《へ》って、自由《じゆう》に動《うご》き回《まわ》る野良犬《のらいぬ》もいなくなったことで、動物《どうぶつ》は人間社会《にんげんしゃかい》をこわがらなくなりました。

自然《しぜん》と共存《きょうぞん》するには、ほどよく使《つか》うことも大切《たいせつ》なのです。

アイヌ新法《しんぽう》5年《ねん》㊤《じょう》 ウポポイ

同《おな》じ目的《もくてき》に向《む》かう場所《ばしょ》

2019年《ねん》5月《がつ》に「アイヌ施策推進法《しさくすいしんほう》」という法律《ほうりつ》ができて、2024年《ねん》で5年《ねん》がたちました。法律《ほうりつ》は国《くに》の決《き》まりです。「アイヌ民族《みんぞく》は日本《にほん》の先住民族《せんじゅうみんぞく》である」と初《はじ》めて書《か》かれ、おたがいを大切《たいせつ》にする社会《しゃかい》を目指《めざ》すことが国民《こくみん》の義務《ぎむ》となりました。

この法律《ほうりつ》で何《なに》が変《か》わっていくのか、3回《かい》にわたってしょうかいします。

みなさんの中《なか》には、胆振地方《いぶりちほう》の白老町《しらおいちょう》にある民族共生《みんぞくきょうせい》象徴空間《しょうちょうくうかん》（ウポポイ）に行《い》ったことがある人《ひと》もいるでしょう。ウポポイは、アイヌのほこりが尊重《そんちょう》される共生社会《きょうせいしゃかい》を作《つく》るために国《くに》がもうけた施設《しせつ》で、20年《ねん》に開館《かいかん》しました。修学旅行《しゅうがくりょこう》や家族旅行《かぞくりょこう》でアイヌ民族《みんぞく》や和民族《わみんぞく》がおとずれ、アイヌ語《ご》や歌《うた》、おどり、もの作《づく》りなどにふれています。

アイヌ文化《ぶんか》をとりもどし時代《じだい》に合《あ》った文化《ぶんか》をつくる

今《いま》から150年《ねん》ほど前《まえ》、日本政府《にほんせいふ》は、アイヌ民族《みんぞく》や沖縄《おきなわ》、奄美《あまみ》の言葉《ことば》や文化《ぶんか》を要《い》らないものとし、日本語《にほんご》や日本文化《にほんぶんか》を学《まな》ばせる決《き》まりをつくりました。アイヌ民族《みんぞく》には、そのようにして身近《みぢか》ではなくなったアイヌ文化《ぶんか》をとりもどしたり、今《いま》の時代《じだい》に合《あ》った文化《ぶんか》をつくったりしたい、先祖《せんぞ》の歴《れき》史《し》を知《し》りたい——という願《ねが》いがあります。

ウポポイで働《はたら》く人《ひと》は、アイヌ文化《ぶんか》を研究《けんきゅう》し、ふたたび盛《さか》んにすることを目指《めざ》しています。

アイヌ以外《いがい》の人《ひと》も、ここをおとずれて歴史《れきし》や文化《ぶんか》を知《し》ることで誤解《ごかい》がなくなり、アイヌ民族《みんぞく》のことがよくわかるようになります。

ウポポイには、公園《こうえん》と博物館《はくぶつかん》、慰霊施設《いれいしせつ》があります。どの場所《ばしょ》でも、アイヌや和民族《わみんぞく》、外国人《がいこくじん》など多《おお》くの民族《みんぞく》が、いっしょに働《はたら》いています。大事《だいじ》なのは、こうしてさまざまな民族《みんぞく》が同《おな》じ目的《もくてき》に向《む》かって努力《どりょく》すること。そして、そうした場所《ばしょ》の大切《たいせつ》さを、かつてアイヌ民族《みんぞく》の言葉《ことば》や文化《ぶんか》を否定《ひてい》した国《くに》が認《みと》めたことなのです。

きょうのことば

慰霊施設《いれいしせつ》

神様《かみさま》や先祖《せんぞ》、亡《な》くなった人《ひと》についての考《かんが》え方《かた》や言《い》い伝《つた》えなどを「精神文化《せいしんぶんか》」と言《い》い、人《ひと》びとはこれを大切《たいせつ》にしてきました。

ところが、明治《めいじ》から昭和《しょうわ》にかけて、和民族《わみんぞく》の研究者《けんきゅうしゃ》が、アイヌ民族《みんぞく》の遺骨《いこつ》をほり、国内外《こくないがい》の大学《だいがく》や博物館《はくぶつかん》などに持《も》ち帰《かえ》りました。アイヌ民《みん》族《ぞく》の研究者《けんきゅうしゃ》はこのことを怒《おこ》っていました。民族《みんぞく》や人種《じんしゅ》によって優秀《ゆうしゅう》さにちがいがあり、骨《ほね》の形《かたち》でそれがわかると考《かんが》えられていたのです。

のちに、そうした考《かんが》えは科《か》学的《がくてき》ではない上《うえ》に、根《ね》っこに深刻《しんこく》な差別《さべつ》があったと批《ひ》判《はん》されました。しかし、今《いま》も、研究《けんきゅう》のために遺骨《いこつ》を返《かえ》したがらない人《ひと》がいます。ばらばらになった遺骨《いこつ》や、あった場所《ばしょ》がわからない遺骨《いこつ》もあります。

ウポポイの慰霊施設《いれいしせつ》は、遺《い》骨《こつ》を集《あつ》め、もとの地域《ちいき》に返《かえ》すことを目指《めざ》しています。その進《すす》め方《かた》をわかりやすくすることも大切《たいせつ》です。

ウポポイの敷地内《しきちない》にある、シンヌラッパ ウシ(慰霊施設《いれいしせつ》)は、かつて和民族《わみんぞく》の研究者《けんきゅうしゃ》がアイヌの墓《はか》から持《も》ち帰《かえ》った遺骨《いこつ》を一時保管《いちじほかん》する施設《しせつ》です

いろいろな学《まな》び

言葉《ことば》や文化《ぶんか》を学《まな》ぶ方法《ほうほう》は、教科書《きょうかしょ》で勉強《べんきょう》するだけではありません。道具《どうぐ》を見《み》たりさわったり、建物《たてもの》に入《はい》って人《ひと》と話《はな》したり、仕事《しごと》を見《み》たり。昔話《むかしばなし》を聞《き》いたり、おどりに加《くわ》わったり、料理《りょうり》を作《つく》ったり。映像《えいぞう》や音声《おんせい》で伝《つた》える工夫《くふう》も楽《たの》しいものです。

昔《むかし》の暮《く》らしだけでなく、今《いま》の姿《すがた》を知《し》り、新《あたら》しい文化《ぶんか》をつくることも必要《ひつよう》です。ウポポイでは「赤《あか》ずきん」「3びきの子《こ》ぶた」など、だれもが知《し》っているお話《はなし》をアイヌ語《ご》で語《かた》る人形劇《にんぎょうげき》なども行《おこな》われています。今後《こんご》はさらにいろいろな学《まな》びが可能《かのう》になるでしょう。

アイヌ新法《しんぽう》5年《ねん》㊥《ちゅう》 差別《さべつ》の禁止《きんし》

平等《びょうどう》にあつかわれる社会《しゃかい》に

2019年《ねん》5月《がつ》にできた「アイヌの人《ひと》びとの誇《ほこ》りが尊重《そんちょう》される社会《しゃかい》を実現《じつげん》するための施策《しさく》の推進《すいしん》に関《かん》する法律《ほうりつ》」では、アイヌ民族《みんぞく》への差別《さべつ》や、権利《けんり》・利益《りえき》をうばうことを禁止《きんし》しています。

では、どんなことをすると、差別《さべつ》したり、権利《けんり》をうばったりすることになるのでしょう。

たとえば、人《ひと》はだれでも、他《ほか》の人《ひと》と平等《びょうどう》にあつかわれる権利《けんり》があります。

明治時代《めいじじだい》、それまでアイヌ民族《みんぞく》が暮《く》らし、利用《りよう》してきた土地《とち》が、日本国《にほんこく》のものとされました。アイヌ民族《みんぞく》が土地《とち》を使《つか》うには、アイヌ語《ご》ではなく日本語《にほんご》で申《もう》しこまなければなりません。自由《じゆう》に土地《とち》を選《えら》ぶこともできず、とても困《こま》ったのです。今《いま》でもアイヌ民族《みんぞく》の土地《とち》は返《かえ》されていませんし、和《わ》民族《みんぞく》は学校《がっこう》で自分《じぶん》の言葉《ことば》（日本語《にほんご》）を学《まな》べますが、アイヌ民族《みんぞく》はアイヌ語《ご》を教《おそ》わることができません。

できる人《ひと》とできない人《ひと》がいる不平等《ふびょうどう》 解消《かいしょう》への道《みち》は

このように、だれかにできることが他《ほか》のだれかにはできないのは不平等《ふびょうどう》で、権利《けんり》が守《まも》られていないことなのです。

クラスに「スポーツが好《す》きな子《こ》」と「読書《どくしょ》が好《す》きな子《こ》」がいるように、社会《しゃかい》には「女性《じょせい》」と「男性《だんせい》」、「アイヌ民族《みんぞく》」と「和民族《わみんぞく》」など、いくつもの立場《たちば》があります。「スポーツ好《ず》き」「男性《だんせい》」「和民族《わみんぞく》」など特定《とくてい》の立場《たちば》の人《ひと》たちが力《ちから》を持《も》つと、いつの間《ま》にか、その人《ひと》たち中心《ちゅうしん》のルールができて、他《ほか》の人《ひと》を認《みと》めず、仲間《なかま》はずれにされたりすることがあります。

新《あたら》しい法律《ほうりつ》は「こういうことは無《な》くさなければならない」と決《き》めました。それには、何《なに》が差別《さべつ》にあたるか話《はな》し合《あ》い、差別《さべつ》させない仕組《しく》みをつくる必要《ひつよう》があります。でも、法《ほう》律《りつ》ができて5年《ねん》たった今《いま》も、話《はな》し合《あ》いは始《はじ》まっていません。

だれかへの差別《さべつ》が無《な》くなれば、自分《じぶん》が差別《さべつ》される心配《しんぱい》も減《へ》ります。だれかの「誇《ほこ》り」が「尊重《そんちょう》」されれば、自分《じぶん》の誇《ほこ》りも大切《たいせつ》にされます。法律《ほうりつ》が目指《めざ》した社会《しゃかい》になるように、国《くに》や北海道《ほっかいどう》のがんばりに期待《きたい》しましょう。

きょうのことば

仲間《なかま》はずれ

社会《しゃかい》には「北海道民《ほっかいどうみん》はマイペース」などと、ある人《ひと》びとをまとめて決《き》めつける考《かんが》え方《かた》があります。「アイヌ民族《みんぞく》」や「女性《じょせい》」は能力《のうりょく》が低《ひく》いと考《かんが》える人《ひと》は、「この仕事《しごと》はアイヌ／女性《じょせい》にはさせない」などと言《い》います。

和民族《わみんぞく》の先生《せんせい》が生徒《せいと》に「アイヌみたいになるな」と言《い》うこともありました。こんなふうに、特定《とくてい》の人《ひと》びとをばかにしたり、仲間《なかま》はずれにしたりするのは、少《すこ》し考《かんが》えると良《よ》くないことだと気《き》づくことができます。

では、これはどうでしょう。「アイヌ民族《みんぞく》はもういなくなった」「日本《にほん》には日本人《にほんじん》（和民族《わみんぞく》）しかいない」。

これは今《いま》でも耳《みみ》にします。そこにいるのに無視《むし》されれば、人《ひと》は傷《きず》つきます。「北海《ほっかい》道《どう》には歴史《れきし》が無《な》い」「無人《むじん》の大地《だいち》を開拓《かいたく》した」といった言葉《ことば》も、アイヌ民族《みんぞく》の歴史《れきし》を認《みと》めず、傷《きず》つける言葉《ことば》なのです。

見《み》えないかべ

同《おな》じ立場《たちば》（民族《みんぞく》や性別《せいべつ》など）の人《ひと》が集《あつ》まると、他《ほか》の立場《たちば》の人《ひと》を忘《わす》れがちになります。そして、地位《ちい》の高《たか》い人《ひと》たちと共通点《きょうつうてん》が多《おお》い人《ひと》は、その輪《わ》に入《はい》りやすくなります。まるで、自動《じどう》ドアが開《ひら》くように。

あなたが「和民族《わみんぞく》」の「男性《だんせい》」だとしましょう。日本《にほん》では先生《せんせい》や医者《いしゃ》、社《しゃ》長《ちょう》、政治家《せいじか》など「りっぱな人《ひと》」の多《おお》くが性別《せいべつ》の上《うえ》では自分《じぶん》と同《おな》じ立場《たちば》です。そうした人《ひと》と自分《じぶん》の言葉《ことば》で話し、見《み》た目《め》でも区別《くべつ》されず仲間《なかま》としてあつかわれることができます。「なぜ日本《にほん》にいるの？」「なぜ企業《きぎょう》のトップに／病院《びょういん》に／政治《せいじ》の世界《せかい》にあなたがいるの？」と聞《き》かれることもありません。

「和民族《わみんぞく》」の「男性《だんせい》」には開《ひら》くドアも、他《ほか》の人《ひと》にはかべになることがあります。差別《さべつ》や仲間《なかま》はずれを無《な》くすには、そのかべに気《き》づくことが欠《か》かせません。

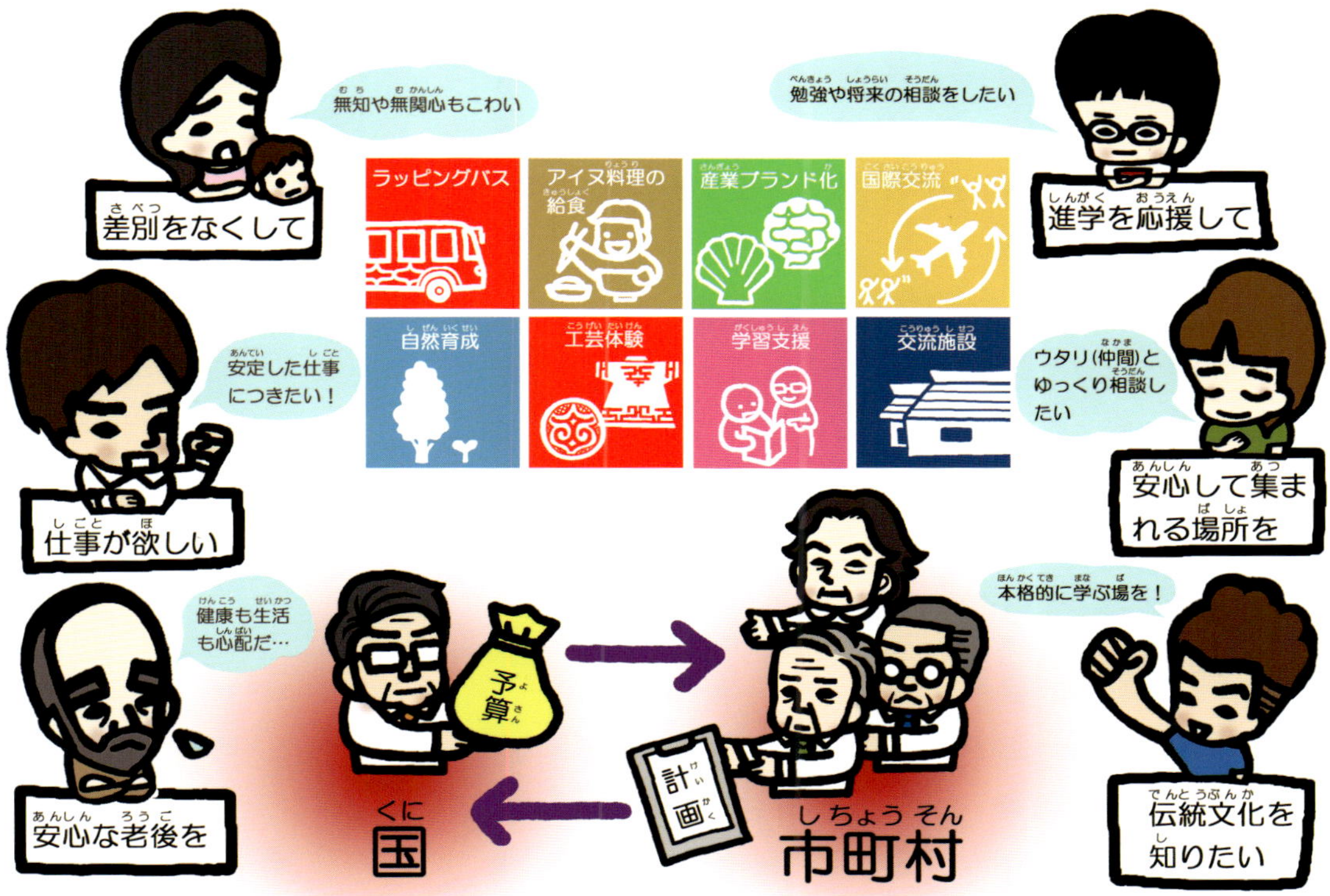

アイヌ新法《しんぽう》5年《ねん》(下《げ》) 交付金制度《こうふきんせいど》

使用計画《しようけいかく》 アイヌも参加《さんか》を

「アイヌ施策推進法《しさくすいしんほう》」は市《し》や町《まち》や村《むら》に、アイヌ民族《みんぞく》の要望《ようぼう》に応《こた》え困《こま》りごとを解決《かいけつ》するよう求《もと》めています。それにはお金《かね》がかかるので、必要《ひつよう》な資金《しきん》を国《くに》が用意《ようい》する「交付金制度《こうふきんせいど》」ができました。

役所《やくしょ》・役場《やくば》の人《ひと》は、どんな取《と》り組《く》みをするか決《き》め、計画《けいかく》を立《た》てて国《くに》に提出《ていしゅつ》します。国《くに》は、資金《しきん》を出《だ》します。交付金《こうふきん》制度《せいど》は、税金《ぜいきん》を公平《こうへい》に使《つか》う仕組《しく》みともいえます。

アイヌ民族《みんぞく》には、いろいろな要望《ようぼう》があります。将来《しょうらい》のために学校《がっこう》に行《い》きたい人《ひと》。豊《ゆた》かな暮《く》らしのために仕事《しごと》が必要《ひつよう》な人《ひと》。子育《こそだ》てや老後《ろうご》のために交通機関《こうつうきかん》や医療体制《いりょうたいせい》を整《ととの》えてほしい人《ひと》。自分《じぶん》が家族《かぞく》から教《おそ》わるはずだった言葉《ことば》や文化《ぶんか》、歴《れき》史《し》を知《し》りたい人《ひと》。そして、差別《さべつ》のない、安心《あんしん》できる暮《く》らしを求《もと》める人《ひと》もいます。

役所《やくしょ》がアイヌ民族《みんぞく》と一緒《いっしょ》に計画《けいかく》
違《ちが》う立場《たちば》の人《ひと》の要望《ようぼう》に気《き》づく

役場《やくば》で働《はたら》く人《ひと》は和民族《わみんぞく》が多《おお》いので、地域《ちいき》のアイヌ民族《みんぞく》といっしょに計画《けいかく》を立《た》て、要望《ようぼう》があれば応《こた》えることになっています。ルールができて（2024年《ねん》で）5年《ねん》たちますが、その仕組《しく》みはまだ不十分《ふじゅうぶん》だともいわれます。なぜ、いっしょに計画《けいかく》を立《た》てることが必要《ひつよう》なのでしょうか。

税金《ぜいきん》はみんなから集《あつ》めるお金《かね》ですから、みんなのために使《つか》うのが基本《きほん》です。しかし、自分《じぶん》とちがう立場《たちば》の人《ひと》の要望《ようぼう》に気付《きづ》くことはなかなか難《むずか》しいものです。

また、税金《ぜいきん》の使《つか》い道《みち》が、マジョリティーの希望《きぼう》にかたよりがちだという問題《もんだい》もあります。そのほうがより多《おお》くの人《ひと》に役立《やくだ》つはずだ、という考《かんが》え方《かた》に加《くわ》えて、「いじめられる側《がわ》にも原因《げんいん》がある」というように、マイノリティーの困《こま》りごとの原因《げんいん》は、マイノリティーの側《がわ》にあると考《かんが》えられてきたからです。

そこで、和民族以外《わみんぞくいがい》の民族《みんぞく》、女性《じょせい》、ＬＧＢＴＱ＋《エルジービーティーキュープラス》（性的《せいてき》少数者《しょうすうしゃ》）、障《しょう》がい者《しゃ》などマイノリティーの要望《ようぼう》を聞《き》き、目配《めくば》りの不足《ふそく》を調節《ちょうせつ》する必要《ひつよう》があります。学校《がっこう》でアイヌ民族《みんぞく》について伝《つた》えるのも、社会《しゃかい》にいろいろな人《ひと》がいること、たがいに敬意《けいい》をもって暮《く》らすことを教《おし》える取《と》り組《く》みの一《ひと》つです。

きょうのことば

アイヌ施策《しさく》推進地域計画《すいしんちいきけいかく》

交付金《こうふきん》を使《つか》うために必要《ひつよう》なのが「アイヌ施策推進地域計画《しさくすいしんちいきけいかく》」です。北海道《ほっかいどう》を中心《ちゅうしん》に、これまでに34の市町村《しちょうそん》の計画《けいかく》が認《みと》められました。

アイヌ語《ご》やアイヌ文化《ぶんか》を教《おし》える人《ひと》を育《そだ》てる、アイヌ民族《みんぞく》が利用《りよう》してきた食材《しょくざい》を地域《ちいき》のブランドにする、など、どれも特色豊《とくしょくゆた》かですが、差別《さべつ》をなくすための取《と》り組《く》みは、まだありません。

アイヌ民族《みんぞく》に限《かぎ》らず、差別《さべつ》を受《う》ける人《ひと》びとは、道路《どうろ》や病院《びょういん》など暮《く》らしに必要《ひつよう》なものが少《すく》ない地域《ちいき》にいることがよくあります。差別《さべつ》のために学校《がっこう》や職場《しょくば》をやめることもあり、それらが困《こま》りごとの原因《げんいん》になっているのです。

アイヌ民族《みんぞく》を差別《さべつ》して、アイヌ文化《ぶんか》を教《おし》えることに反対《はんたい》する和民族《わみんぞく》もいます。どの取《と》り組《く》みも、まず差別《さべつ》をなくさなければうまくいきません。

平等《びょうどう》と公平《こうへい》

平等《びょうどう》と公平《こうへい》はよく似《に》た言葉《ことば》ですが、意味《いみ》がちがいます。

全《すべ》ての人《ひと》に同《おな》じものを配《くば》るのが「平等《びょうどう》」、それぞれに必要《ひつよう》なものを配《くば》るのが「公平《こうへい》」。全員《ぜんいん》が同《おな》じ給食《きゅうしょく》を食《た》べられるのが「平等《びょうどう》」で、アレルギーのある人《ひと》はアレルギー対応食《たいおうしょく》を、イスラム教徒《きょうと》はハラール食《しょく》（宗教上《しゅうきょうじょう》の決《き》まりに従《したが》って調理《ちょうり》された食品《しょくひん》）を選《えら》べるのが「公平《こうへい》」です。

日本《にほん》は、アイヌ、沖縄《おきなわ》、奄美《あまみ》、韓国《かんこく》・朝鮮《ちょうせん》、中国《ちゅうごく》などいろいろなルーツをもつ人《ひと》に対《たい》し「平等《びょうどう》」に日本語《にほんご》を教育《きょういく》してきました。明治時代《めいじじだい》からのそうした政策《せいさく》が、アイヌ語《ご》やアイヌ文化《ぶんか》に大《おお》きなダメージを与《あた》えたとされます。

これを見直《みなお》して「公平《こうへい》」な教育《きょういく》をする、例《たと》えば日本語《にほんご》（国語《こくご》）を教《おし》えるために使《つか》った税金《ぜいきん》を、他《ほか》の言葉《ことば》にも使《つか》う。それが公平《こうへい》な配分《はいぶん》の例《れい》です。

北原《きたはら》さんの
ちょっと一言《ひとこと》

マイノリティーとマジョリティーってなんだろう

一般的《いっぱんてき》に、少数派《しょうすうは》をマイノリティー、多数派《たすうは》をマジョリティーと言《い》います。マイノリティーとよばれる人《ひと》びとは、過去《かこ》に「ふつうじゃない」と評価《ひょうか》され、不利《ふり》な立場《たちば》におかれてきました。日本《にほん》の中《なか》では、女性《じょせい》や障《しょう》がい者《しゃ》やLGBTQ＋《エルジービーティーキュープラス》、重病《じゅうびょう》の人《ひと》、貧《まず》しい人《ひと》、異《い》民族《みんぞく》や外国人《がいこくじん》などがマイノリティーとされてきました。

マイノリティーに「ふつうじゃない」と評価《ひょうか》をした人《ひと》びと、つまり日本《にほん》で「ふつう」といわれているのは誰《だれ》でしょう。マイノリティーではない人《ひと》、女性《じょせい》ではない、障《しょう》がい者《しゃ》やL《エル》GBTQ＋《ジービーティーキュープラス》ではない、異民族《いみんぞく》でも外国人《がいこくじん》でもない人《ひと》たちです。こちらはマジョリティーと言《い》って、社会《しゃかい》のルールはマジョリティーがつくるのが、日本《にほん》の現状《げんじょう》です。

なぜ、人《ひと》びとをわけたのか。それは「国《くに》」を強《つよ》くしようとしたからです。そのためには元気《げんき》に働《はたら》ける強《つよ》い人《ひと》がたくさんいた方《ほう》が良《よ》いと考《かんが》えられました。生物学者《せいぶつがくしゃ》は「マジョリティーは何《なに》をしても生《う》まれつきよくできる、マイノリティーはそこまではできない」と言《い》いました。医者《いしゃ》は「マイノリティーは弱《よわ》く、健康《けんこう》に問題《もんだい》がある」と言《い》いました。だから、強《つよ》い人《ひと》を増《ふ》やし、育《そだ》てて国《くに》を任《まか》せるべきだし、弱《よわ》いとされた人《ひと》は強《つよ》くなるように求《もと》めたり、別々《べつべつ》な場所《ばしょ》にいるようにしたり、なるべく生《う》まれないようにしたりしようと考《かんが》えました。「男性《だんせい》は仕事場《しごとば》」「女性《じょせい》は家《いえ》の中《なか》」と分《わ》けたり、歩《ある》ける人《ひと》はどこでも行《い》けるのに車《くるま》いすで行《い》ける場所《ばしょ》はとても少《すく》なかったりするのはこのためです。同性《どうせい》のパートナーと結《けっ》婚《こん》したい人《ひと》は、異性《いせい》と結婚《けっこん》した人《ひと》と同《おな》じ権利《けんり》を持《も》つことができません。障《しょう》がいがあるなどの理由《りゆう》から、手術《しゅじゅつ》によって子供《こども》をつくれなくされてしまった人《ひと》もいます。こうしたマイノリティーの困難《こんなん》は（マジョリティー中心《ちゅうしん》の）社会《しゃかい》が作《つく》り出《だ》したともいえます。だから、社会《しゃかい》が変《か》わることは、マジョリティーの在《あ》り方《かた》が変《か》わることでもあります。

2019年《ねん》にできたアイヌ施策推進法《しさくすいしんほう》は、45条《じょう》の文章《ぶんしょう》でできています。アイヌの人《ひと》びとのために、国《くに》、都道府県《とどうふけん》と市町村《しちょうそん》（で働《はたら》く人《ひと》）、内閣総理大臣《ないかくそうりだいじん》、国民《こくみん》が何《なに》をすべきなのかが書《か》かれています。しかし、この人《ひと》たちがどういう民族《みんぞく》なのかということや、マジョリティーとマイノリティーの力関係《ちからかんけい》などは書《か》かれていません。この法律《ほうりつ》は5年《ねん》ごとに見直《みなお》しをすることができます。まずは、アイヌ民族《みんぞく》ではない国民《こくみん》とは誰《だれ》なのかを書《か》くことからはじめたらどうでしょう。

（北原《きたはら》モコットゥナシ）

タトゥーの文化《ぶんか》

民族《みんぞく》のプライド表《あらわ》す

北海道《ほっかいどう》から南《みなみ》へ飛行機《ひこうき》で12時間《じかん》ほど飛《と》ぶと、「アオテアロア」があります。アオテアロアはニュージーランドのこと。先住民族《せんじゅうみんぞく》マオリによる呼《よ》び名《な》です。アオテアロアのアナウンサー、オリーニ・カイパラさんが話題《わだい》を集《あつ》めています。

オリーニさんはマオリの女性《じょせい》です。アナウンサーとして初《はじ》めて、くちびるとあごに伝統《でんとう》のタトゥー（入《い》れずみ）を入《い》れ、人気番組《にんきばんぐみ》のキャスターにもなりました。一部《いちぶ》の人《ひと》は、タトゥーを「悪趣味《あくしゅみ》」「こうげき的《てき》」と非難《ひなん》しました。これに対《たい》し、オリーニさんは、タトゥーはマオリの人《ひと》びとにほこりと強《つよ》い気持《きも》ちをくれる大切《たいせつ》なものだ、ときっぱりと答《こた》えました。カッコいい。

マオリ文化《ぶんか》の中《なか》のタトゥーの意味《いみ》を、マオリ男性《だんせい》であるコッター・マシューさん（北星学園短大准教授《ほくせいがくえんたんだいじゅんきょうじゅ》）に聞《き》きました。「女性《じょせい》が口《くち》のまわりに入《い》れるタトゥーはモコ・カウアエといい、入《い》れる人《ひと》が増《ふ》えています。日本《にほん》に住《す》んでいる私《わたし》の友達《ともだち》も入《い》れています。タトゥーは男性《だんせい》も入《い》れます。男《だん》性《せい》の場合《ばあい》は顔全体《かおぜんたい》や体《からだ》に入《い》れることもあります。マオリのプライドを表《あらわ》すものです」

アイヌ民族《みんぞく》は「シヌイェ」差別《さべつ》に負《ま》けない気持《きも》ち示《しめ》す

アイヌ民族《みんぞく》の女性《じょせい》も、口《くち》のまわりに「シヌイェ」と呼《よ》ばれるタトゥーを入《い》れる伝統《でんとう》がありました。アオテアロアでも北海道《ほっかいどう》でも、その土地《とち》に後《あと》から移《うつ》り住《す》んだ人《ひと》びとによって、先住民族《せんじゅうみんぞく》とその文化《ぶんか》が否定《ひてい》されてきました。タトゥーも「みにくい」「こわい」と差別《さべつ》され、禁止《きんし》されました。

アオテアロアでは数十年前《すうじゅうねんまえ》から、マオリの若《わか》い人《ひと》がタトゥーを入《い》れるようになり、若《わか》いときには入《い》れられなかった年配《ねんぱい》の人《ひと》も入《い》れるようになったそうです。それは差別《さべつ》に負《ま》けない気持《きも》ちを示《しめ》す、とても勇気《ゆうき》のいることです。オリーニさんはその勇気《ゆうき》をテレビで示《しめ》したのでした。

アイヌにも、メークなどでシヌイェをする人《ひと》が増《ふ》えています。2021年《ねん》の東京《とうきょう》オリンピックの式典《しきてん》でも、シヌイェのメークをしておどる様子《ようす》が世界《せかい》に発信《はっしん》されました。

きょうのことば

先住民族《せんじゅうみんぞく》マオリ

アオテアロアの先住民族《せんじゅうみんぞく》マオリは、豊《ゆた》かな文化《ぶんか》を持《も》っています。私《わたし》（北原《きたはら》）は、美《うつく》しい彫刻《ちょうこく》の大《だい》ファン。船《ふね》や家《いえ》や、いろいろな場所《ばしょ》にかざられた彫刻《ちょうこく》は見事《みごと》のひとことです。「ハカ」という勇《いさ》ましいおどりもステキです。何《なに》よりマオリとしてのプライドを持《も》った強《つよ》い心《こころ》にひかれます。いろいろな国《くに》に、移住《いじゅう》したマオリの人《ひと》が暮《く》らしていて、日本《にほん》でもラグビー選手《せんしゅ》として活躍《かつやく》している人《ひと》がいます。

マオリ語《ご》のとりもどしの活動《かつどう》も盛《さか》んです。色《いろ》と長《なが》さが違《ちが》う10種類《しゅるい》の棒《ぼう》を使《つか》って、マオリ語《ご》でマオリ語《ご》をおぼえ、マオリ語《ご》だけで話《はな》す「テ・アタアランギ」という学習法《がくしゅうほう》がマオリの女性《じょせい》によって日本《にほん》にしょうかいされ、アイヌ語《ご》の学習《がくしゅう》に取《と》り入《い》れられています。マオリ語《ご》のテレビ放送《ほうそう》もあり、オリーニさんは英語《えいご》のほか、マオリ語《ご》でも番組《ばんぐみ》を担当《たんとう》しています。

タトゥー

タトゥーは、はだの下《した》にすみなどで色《いろ》を着《つ》ける装飾《そうしょく》です。タトゥーの文《ぶん》化《か》は世界各地《せかいかくち》にあり日本《にほん》の周辺《しゅうへん》でも、南《みなみ》はアオテアロアなどの太平洋地域《たいへいようちいき》から台湾《たいわん》、琉球諸島《りゅうきゅうしょとう》（沖縄《おきなわ》・奄美《あまみ》）、北《きた》はロシアのカムチャツカ半島《はんとう》あたりまで、タトゥーの文化《ぶんか》があります。

日本《にほん》の本州《ほんしゅう》でも、弥生時代《やよいじだい》のころまではタトゥーをしていたそうです。その後《ご》、入《い》れる人《ひと》がいなくなり、江戸時代《えどじだい》になると大《おお》きく、はなやかなタトゥーが流行《りゅうこう》しました。しかし、次第《しだい》にこわい人《ひと》が入《い》れるものだと考《かんが》えられるようになりました。

2013年《ねん》、マオリ語《ご》の学習法《がくしゅうほう》を伝《つた》えに来《き》たマオリ女性《じょせい》が、顔《かお》のタトゥーを理由《りゆう》に入浴施設《にゅうよくしせつ》の利用《りよう》を断《ことわ》られるという残念《ざんねん》なできごとがありました。おたがいの文化《ぶんか》を尊重《そんちょう》して暮《く》らすためには、文化《ぶんか》の歴史《れきし》を知《し》ることが大切《たいせつ》です。

アイヌアートショー

作《つく》った人《ひと》と話《はな》して交流《こうりゅう》

ここ数年《すうねん》、まちの中《なか》でアイヌ民族《みんぞく》のアート作品《さくひん》を目《め》にする機会《きかい》が増《ふ》えました。2022年《ねん》11月《がつ》の「文化《ぶんか》の日《ひ》」には、胆振《いぶり》の白老町《しらおいちょう》にある民族共生象徴空間《みんぞくきょうせいしょうちょうくうかん》「ウポポイ」で「アイヌアートショー」が初《はじ》めて開《ひら》かれました。北海道各地《ほっかいどうかくち》の作《つく》り手《て》14組《くみ》21人《にん》が集《あつ》まり、実演《じつえん》をしたり、作品《さくひん》を販売《はんばい》したりしました。ベテランから若手《わかて》まで、これだけの作《つく》り手《て》がそろうのはめずらしく、私《わたし》もウポポイに行《い》ってきました。

会場《かいじょう》にはたくさんのコーナーがあり、入《い》り口《ぐち》に作《つく》り手《て》と作品《さくひん》の写真《しゃしん》がかざられています。中《なか》に入《はい》ると、テーブルいっぱいに作品《さくひん》が並《なら》んでいて、作《つく》り手《て》から直接《ちょくせつ》、話《はなし》を聞《き》くことができます。作品《さくひん》に囲《かこ》まれ、楽《たの》しそうに交流《こうりゅう》する人《ひと》でにぎわう空間《くうかん》は、その場《ば》にいるだけでワクワクしました。

かごバッグやアクセサリー アイヌアートの最前線《さいぜんせん》をお披露目《ひろめ》

こんなふうに、作《つく》り手《て》は自分《じぶん》の言葉《ことば》で作品《さくひん》について語《かた》ることができ、来場者《らいじょうしゃ》は作《つく》り手《て》の人柄《ひとがら》やいろいろな作品《さくひん》にふれられるのが、アートショーの良《よ》いところ。木彫《きぼ》りや織物《おりもの》など昔《むかし》から作《つく》られてきた工芸品《こうげいひん》に加《くわ》え、かごバッグやアイヌ文様《もんよう》を生《い》かしたアクセサリーなど多彩《たさい》な作品《さくひん》があり、アイヌアートの最前線《さいぜんせん》を感《かん》じました。

日高《ひだか》の平取町《びらとりちょう》で木彫《きぼ》りを学《まな》んでいる西山涼《にしやまりょう》さんは、この日《ひ》のために毎日《まいにち》、仕事《しごと》が終《お》わってから作品《さくひん》を作《つく》り、おぼんなどを持《も》って参加《さんか》しました。「先輩《せんぱい》の作品《さくひん》を見《み》ることができて、勉強《べんきょう》になった。まだ学《まな》び始《はじ》めなので、自分《じぶん》の作《つく》った物《もの》を人《ひと》が買《か》ってくれるのは、初《はじ》めての体験《たいけん》だった」とうれしそうに話《はな》していました。用意《ようい》した作品《さくひん》10点《てん》は全《すべ》て売《う》れたそうです。

この日《ひ》はほかにも、音楽《おんがく》グループ「ニンチュプ」が伝統的《でんとうてき》な歌《うた》やおどりを取《と》り入《い》れた音楽劇《おんがくげき》をひろうしました。アイヌアートショーは次《つぎ》の2023年《ねん》にも行《おこな》われました。このあとも開催《かいさい》される予定《よてい》です。ウポポイでは普段《ふだん》からものづくりの様子《ようす》を公開《こうかい》していて、中学生以下《ちゅうがくせいいか》はいつでも無料《むりょう》でアイヌアートにふれられます。

きょうのことば

アイヌ工芸品《こうげいひん》

昔《むかし》のアイヌ民族《みんぞく》は暮《く》らしに使《つか》う道具《どうぐ》を、誰《だれ》もが自分《じぶん》で作《つく》り、自分《じぶん》のために美《うつく》しい文様《もんよう》でかざりました。いっしょうけんめい作《つく》った物《もの》をたいせつな人《ひと》にプレゼントすることもありました。本州《ほんしゅう》が江戸時代《えどじだい》だったころから、アイヌ民族《みんぞく》の作《つく》る木彫《きぼ》りや着物《きもの》などは和民族《わみんぞく》にも知《し》られていました。きれいなアイヌ文様《もんよう》をほった小刀《こがたな》のさや、おぼん、糸巻《いとま》き、衣紋《えもん》かけ（ハンガー）などがよく作《つく》られました。

明治《めいじ》・大正時代《たいしょうじだい》には、工芸品《こうげいひん》の種類《しゅるい》が増《ふ》え、ししゅうをした布《ぬの》で作《つく》ったバッグや、文様《もんよう》をほった「げた」なども作《つく》られるようになりました。

現代《げんだい》では、金属《きんぞく》や革《かわ》、アクリル樹脂《じゅし》など新《あたら》しい素材《そざい》を使《つか》い、さらにいろいろなものが作《つく》られています。また、工芸品《こうげいひん》だけではなく、写真《しゃしん》や絵画《かいが》、版画《はんが》、デジタルイラスト作品《さくひん》などを手《て》がける人《ひと》もいます。

アイヌ文様《もんよう》を取《と》り入《い》れたデザイン

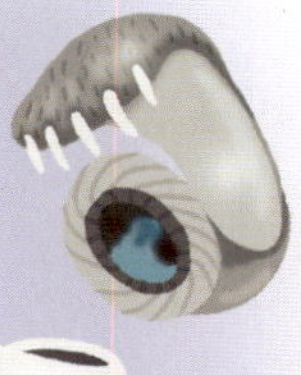

「キムンカムイ・リング」
（クマの神様《かみさま》の指輪《ゆびわ》）
釧路市阿寒町《くしろしあかんちょう》・下倉洋之《しもくらひろゆき》 作《さく》

「ラプシ ニシクル テクンカニ」
（羽《はね》の生《は》えた雲《くも》の腕輪《うでわ》）

「アイフォンケース」
釧路市阿寒町《くしろしあかんちょう》・藤戸康平《ふじとこうへい》 作《さく》

アートショー

このイベントは、アメリカの「先住民《せんじゅうみん》アートショー」を参考《さんこう》に行《おこな》われました。開催《かいさい》に協力《きょうりょく》した国立民族学博物館《こくりつみんぞくがくはくぶつかん》（大阪《おおさか》）の伊藤敦規《いとうあつのり》さんによると、先住民《せんじゅうみん》アートショーとは、専門知識《せんもんちしき》のある先住民《せんじゅうみん》の作《つく》り手《て》が、自分《じぶん》の作品《さくひん》をしょうかいする定期的《ていきてき》なイベントのことです。

アメリカのアートショーでは工芸品《こうげいひん》だけではなく、音楽《おんがく》やダンス、文芸《ぶんげい》、料理《りょうり》などいろいろなものがしょうかいされます。

作《つく》り手《て》が自分《じぶん》で作品《さくひん》を説明《せつめい》し、販売《はんばい》するのがポイントで、アートの担《にな》い手《て》としての自覚《じかく》と自信《じしん》が育《そだ》ちます。また、作《つく》り手《て》とさまざまな人《ひと》との交流《こうりゅう》が生《う》まれ、先住民《せんじゅうみん》ではない人《ひと》が先住民《せんじゅうみん》のアートや暮《く》らしを知《し》ることができる場《ば》になっています。

北大《ほくだい》の食堂《しょくどう》、バスでアイヌ語《ご》

コタンの地《ち》　ひびく言葉《ことば》

封《ふう》じられた言葉《ことば》　取《と》り戻《もど》す
アイヌ文化《ぶんか》保《たも》ちながら、学《まな》び、働《はたら》く

「イヨシ『イカラ　カンピヌイェ　ウシ』コッチャケオロ　アコシレパ　ナ（次《つぎ》は工学部前《こうがくぶまえ》です）」

　これは、北海道大学《ほっかいどうだいがく》で働《はたら》く人《ひと》が乗《の》るバスで2024年《ねん》1月《がつ》25日《にち》から流《なが》れているアイヌ語《ご》のアナウンスです。「工学部《こうがくぶ》」など、日本《にほん》が近代化《きんだいか》する過程《かてい》で使《つか》われるようになった言葉《ことば》は、昔《むかし》からあるアイヌ語《ご》の言葉《ことば》を組《く》み合《あ》わせて、新《あたら》しく作《つく》りました。

　2023年《ねん》の7月《がつ》と24年《ねん》の1月《がつ》、7月《がつ》には、大学《だいがく》の食堂《しょくどう》で「アイヌ料理《りょうり》フェア」が開《ひら》かれ、4種《しゅ》のメニューが並《なら》びました。お客《きゃく》さんが「オハウ（スープ）ください」と注文《ちゅうもん》したり、接客《せっきゃく》の人《ひと》が「はい、ラタシケプ（あえ物《もの》）ですね」と言《い》ったりして、アイヌ料理《りょうり》を出《だ》すことで、食堂《しょくどう》の中《なか》もアイヌ語《ご》がひびく場所《ばしょ》になりました。

　いま、北海道大学《ほっかいどうだいがく》が建《た》っている場所《ばしょ》には、明治時代《めいじじだい》の初《はじ》めまでアイヌ民族《みんぞく》のコタン（集落《しゅうらく》）がありました。ほかにも魚《さかな》をとる設備《せつび》など、暮《く》らしのあとが見《み》つかっています。

　北大《ほくだい》の前身《ぜんしん》、札幌農学校《さっぽろのうがっこう》の原点《げんてん》となった開拓使仮学《かいたくしかりがっ》校《こう》でも、アイヌ民族《みんぞく》が学《まな》びました。それ以来《いらい》、現在《げんざい》までアイヌ民族《みんぞく》の先生《せんせい》や学生《がくせい》がいろいろな研究《けんきゅう》や学《まな》びを続《つづ》けてきました。

　しかし、1871年《ねん》（明治《めいじ》4年《ねん》）に、アイヌ民族《みんぞく》も日本語《にほんご》を話《はな》すことが義務《ぎむ》とされてから、アイヌ語《ご》を使《つか》うことは難《むずか》しくなりました。大学《だいがく》での活動《かつどう》でもアイヌ語《ご》が使《つか》われることはありませんでした。

　バスや食堂《しょくどう》での取《と》り組《く》みは、大学《だいがく》のある場所《ばしょ》でもともと使《つか》われてきた言葉《ことば》を、もういちど大学《だいがく》の中《なか》にひびかせることになり、アイヌ民族《みんぞく》としてアイヌ文化《ぶんか》を保《たも》ちながら大学《だいがく》の仕事《しごと》や勉強《べんきょう》をしたい人《ひと》のための環境《かんきょう》づくりにつながります。

　インフォメーションセンターではアイヌ語《ご》が書《か》かれたマップも配布《はいふ》されています。ぜひ見《み》てみてください。

アイヌ民族《みんぞく》？ アイヌ人《じん》？ どれが正解《せいかい》？

北原《きたはら》 瀧口《たきぐち》さんはアイヌのことを何《なん》と呼《よ》びますか。アイヌ民族《みんぞく》？ それともアイヌ人《じん》？

瀧口《たきぐち》 「アイヌ」と、なにも付《つ》けずに呼《よ》びます。アイヌ人《じん》と言《い》うと、人種《じんしゅ》や国《くに》のちがいを強調《きょうちょう》する感《かん》じ。

北原《きたはら》 そうですね。自分《じぶん》で「アイヌ」と言《い》うのはよくても、ほかの人《ひと》から「アイヌ」と呼《よ》び捨《す》てにされると嫌《いや》な気持《きも》ちになることもあります。その人《ひと》がアイヌに対《たい》してどんな感覚《かんかく》を持《も》っているかによって印象《いんしょう》が変《か》わるんですよね。

瀧口《たきぐち》 最近《さいきん》はアイヌ民族《みんぞく》と呼《よ》ばれることが増《ふ》えたように思《おも》います。

北原《きたはら》 そもそも「アイヌ」は「人間《にんげん》」という意味《いみ》なので、「アイヌ人《じん》」は「人間人《にんげんじん》」っていうことになり、変《へん》ですよね。だから、「アイヌ民族《みんぞく》」って言《い》われるのがいいかなと思《おも》います。ただ、そこで日本人《にほんじん》とアイヌ民族《みんぞく》っていう風《ふう》に「人《じん》」と「民族《みんぞく》」に分《わ》けるのもしっくりこない。おススメは「和人《わじん》」を「和民族《わみんぞく》」と呼《よ》ぶこと。

瀧口《たきぐち》 でも当《とう》の「和民族《わみんぞく》」のほうには、自分《じぶん》たちがそう呼《よ》ばれる理由《りゆう》が伝《つた》わっているのかな？

北原《きたはら》 「和人《わじん》」という言葉《ことば》ですら、北海道《ほっかいどう》にいれば聞《き》いたことがあっても、道外《どうがい》だと聞《き》きなれないかもしれませんね。

瀧口《たきぐち》 関西《かんさい》の大学《だいがく》でアイヌ語《ご》を教《おし》えていますが、アイヌ民族《みんぞく》を遠《とお》い国《くに》の人《ひと》みたいに思《おも》う学生《がくせい》もいて、理解《りかい》を深《ふか》めるのは難《むずか》しいなと思《おも》うこともあります。

北原《きたはら》 そうですね。「民族《みんぞく》」っていう言葉《ことば》に「非《ひ》文明的《ぶんめいてき》」なイメージがあって、アイヌ民族《みんぞく》がふつうの人《ひと》だと感《かん》じられないのかもしれません。日本《にほん》には移民《いみん》を含《ふく》め、様々《さまざま》な背景《はいけい》を持《も》つ人《ひと》が暮《く》らしていて、和人《わじん》・和民族《わみんぞく》もアイヌもその構成《こうせい》メンバーなんだということを知《し》ってもらえるといいかなと思《おも》います。あと、先住民族《せんじゅうみんぞく》の意味《いみ》もね。（→9ページと69ページに解説《かいせつ》）

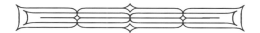

第《だい》2章《しょう》

文《ぶん》化《か》

アイヌ語《ご》と日本語《にほんご》
文章《ぶんしょう》の組《く》み立《た》て方《かた》にちがい

2022年《ねん》5月《がつ》8日《か》、「アイヌ語《ご》 義務教育学校《ぎむきょういくがっこう》で」という記事《きじ》が北海道新聞《ほっかいどうしんぶん》にのりました。沖縄県《おきなわけん》で地域《ちいき》の言葉《ことば》を教《おし》えている学校《がっこう》が、札幌市《さっぽろし》に小中一貫校《しょうちゅういっかんこう》をつくります。国語《こくご》や算数《さんすう》などに加《くわ》え、各学年《かくがくねん》でアイヌ語《ご》の授業《じゅぎょう》もする予定《よてい》、という内容《ないよう》です。

アイヌ語《ご》と日本語《にほんご》は、おとなりの言葉《ことば》です。アイヌ語《ご》は、東北地方《とうほくちほう》や北海道《ほっかいどう》、樺太《からふと》（サハリン）、千島列島《ちしまれっとう》で昔《むかし》から話《はな》されてきました。北海道《ほっかいどう》という日本語《にほんご》の名前《なまえ》は新《あたら》しいもので、アイヌ語《ご》ではヤウンモシㇼと言《い》います。樺太《からふと》、千島《ちしま》はそれぞれヤンケモシリ、ルトㇺといいます。

アイヌ語《ご》の歴史《れきし》　地名《ちめい》から読《よ》み解《と》く 道内《どうない》の市町村名《しちょうそんめい》にも

北海道《ほっかいどう》の市町村《しちょうそん》の名前《なまえ》は、アイヌ語《ご》がもとになっているものが多《おお》いですね。東北地方《とうほくちほう》の山形県《やまがたけん》や宮城県《みやぎけん》より北《きた》には、アイヌ語《ご》の地名《ちめい》がたくさんあります。千年以上前《せんねんいじょうまえ》、日本語《にほんご》を話《はな》す人《ひと》びととアイヌ語《ご》を話《はな》す人《ひと》びとの境界《きょうかい》が、このあたりにあったため、地名《ちめい》にもそのなごりがあると言《い》われます。

アイヌ語《ご》と日本語《にほんご》は、発音《はつおん》のしかたや文章《ぶんしょう》の組《く》み立《た》て方《かた》にちがいがあります。

(クアニ《わたし》)　チカプ《とり》　ウトゥッ《のなか》タ《で》、アマメチカプ《スズメ》　イヨッタ《いちばん》　クエラマス《わたしはすきだ》。

小《ちい》さな「プ」は、くちびるをとじたところで止《と》める音《おと》です。韓国語《かんこくご》にもありますが日本語《にほんご》にはありません。また、アイヌ語《ご》では主語《しゅご》のちがいが述語《じゅつご》に表《あらわ》れます。述語《じゅつご》のもとの形《かたち》は「**エラマス**《すきだ》」ですが、主語《しゅご》が「**クアニ**《わたし》」なら「**クエラマス**《わたしはすきだ》」という形《かたち》になります。つまり、文《ぶん》の中《なか》に主語《しゅご》が2回《かい》出《で》てくるので、最初《さいしょ》の「**クアニ**《わたし》」は言《い》わなくともわかります。

北海道内《ほっかいどうない》には1500余《あま》りの小中学校《しょうちゅうがっこう》がありますが、アイヌ語《ご》は、そのほとんどで学《まな》ぶことができません。さいきんになって、千歳市《ちとせし》の末広小《すえひろしょう》や日高《ひだか》の平取町《びらとりちょう》の二風谷小《にぶたにしょう》で学《まな》べるようになりました。

きょうのことば
多文化共生《たぶんかきょうせい》と社会《しゃかい》

アイヌ文化《ぶんか》や琉球文化《りゅうきゅうぶんか》、日本文化《にほんぶんか》、外国《がいこく》の文化《ぶんか》などをもつ人《ひと》びとが、たがいの文化《ぶんか》を大切《たいせつ》にして暮《く》らすことを多文化共生《たぶんかきょうせい》といいます。

文化《ぶんか》は、家庭《かてい》や学校《がっこう》で教《おし》えたり、自然《しぜん》に身《み》につくような環境《かんきょう》を整《ととの》えたりすることで、次《つぎ》の世代《せだい》に続《つづ》いていきます。また、学校《がっこう》で教《おそ》わる言葉《ことば》は、テレビやラジオでも使《つか》われ、仕事《しごと》をするときにも使《つか》う、その国《くに》の「正式《せいしき》な言葉《ことば》」でもあります。

世界《せかい》には、いくつもの「正式《せいしき》な言葉《ことば》」を学校《がっこう》で教《おし》える国《くに》がたくさんあります。学校《がっこう》で教《おし》えない言葉《ことば》を使《つか》うのは、はずかしい・変《へん》だと感《かん》じる人《ひと》もいます。それにくわえ、アイヌ語《ご》や琉球《りゅうきゅう》の言葉《ことば》は、使《つか》ってはならないと先生《せんせい》が教《おし》えてきた歴史《れきし》があります。どの言葉《ことば》も自信《じしん》をもって使《つか》えるようにするには、学校《がっこう》でただしく教《おし》えることが大切《たいせつ》です。

アイヌ語《ご》を身近《みぢか》に

私《わたし》たちの暮《く》らしには、いたるところに英語《えいご》が使《つか》われています。そのため、学校《がっこう》で教《おそ》わる前《まえ》から知《し》らずにたくさんの英語《えいご》の単語《たんご》を使《つか》っています。同《おな》じように、身《み》の回《まわ》りで使《つか》われることで、アイヌ語《ご》も「知《し》らない言葉《ことば》」ではなくなっていきます。

道南《どうなん》バスやJR北海道《ほっかいどう》では、数年前《すうねんまえ》から、一部《いちぶ》の車内放送《しゃないほうそう》でアイヌ語《ご》が流《なが》れるようになりました。沖縄《おきなわ》では、うちなーぐち（沖縄《おきなわ》のことば）によるラジオ体操《たいそう》が広《ひろ》まっており、これを参考《さんこう》にしたアイヌ語《ご》ラジオ体操《たいそう》もあります。

家庭《かてい》や学校《がっこう》で勉強《べんきょう》するための方法《ほうほう》も増《ふ》えています。だれでもダウンロードできるアイヌ語《ご》カルタや、パソコンやタブレット端末《たんまつ》で遊《あそ》べるアイヌ語《ご》ゲーム、YouTube（ユーチューブ）のアイヌ語動画講座《ごどうがこうざ》などがあります。

つくり方《かた》や考《かんが》え方《かた》いろいろ

アイヌ文様《もんよう》 未来《みらい》に伝《つた》える

アイヌ文様《もんよう》は北海道遺産《ほっかいどういさん》（歴史《れきし》や文化《ぶんか》、産業《さんぎょう》などの中《なか》から道民《どうみん》がえらんだ「未来《みらい》に伝《つた》えたいもの」）の一《ひと》つです。針《はり》と糸《いと》でぬったり、植物《しょくぶつ》を編《あ》んだり織《お》ったり、刃物《はもの》で木《き》をほったり、また画材《がざい》やコンピューターを使《つか》って描《えが》いたりと、いろいろな方法《ほうほう》でつくられる文様《もんよう》です。

江戸時代《えどじだい》から明治《めいじ》ごろまでのアイヌ文様《もんよう》は、花《はな》や木《こ》の葉《は》の文様《もんよう》もありますが、あまりはっきりと物《もの》の形《かたち》をかかないところが特徴《とくちょう》です。まっすぐな線《せん》とカーブした線《せん》を組《く》み合《あ》わせて、着物《きもの》や道具《どうぐ》の形《かたち》に合《あ》うように文様《もんよう》を考《かんが》えます。

文様《もんよう》は晴《は》れ着《ぎ》など特別《とくべつ》なものにつけるという人《ひと》もいます。一方《いっぽう》で、名寄市《なよろし》や旭川市《あさひかわし》、釧路管内白糠町《くしろかんないしらぬかちょう》など北海道《ほっかいどう》の北《きた》や東《ひがし》の方《ほう》では、山《やま》に仕事《しごと》に行《い》くときの着物《きもの》にも文様《もんよう》をつけました。アイヌ民族《みんぞく》の考《かんが》え方《かた》では、山《やま》は山《やま》の神様《かみさま》の世界《せかい》だとされます。ですから、そこに行《い》くときには立派《りっぱ》に身《み》なりをととのえた方《ほう》が良《よ》いのだといいます。

千島列島《ちしまれっとう》や樺太《からふと》にも独自《どくじ》の文様《もんよう》 ほかの民族《みんぞく》にも類似点《るいじてん》が

ところで、北海道遺産《ほっかいどういさん》のアイヌ文様《もんよう》は、北海道以外《ほっかいどういがい》の土《と》地《ち》でも使《つか》われてきました。千島列島《ちしまれっとう》や樺太《からふと》のアイヌ民族《みんぞく》がつくった文様《もんよう》は、同《おな》じアイヌ文様《もんよう》でも北海道《ほっかいどう》の文様《もんよう》とは少《すこ》し雰囲気《ふんいき》がちがいます。そして、樺太《からふと》のウイルタ民族《みんぞく》、ニヴフ民族《みんぞく》、そこから海《うみ》をわたってアムール川《がわ》という大《おお》きな川《かわ》の流域《りゅういき》に暮《く》らすさまざまな民族《みんぞく》の文様《もんよう》も、アイヌ文様《もんよう》と少《すこ》しずつ似《に》ています。

和文化《わぶんか》にも、よく似《に》た文様《もんよう》があります。たとえば、日本《にほん》で「網目文《あみめもん》」とよばれる文様《もんよう》は、アイヌ民族《みんぞく》の着物《きもの》や木《き》ぼりにもよく見《み》られます。これと同《おな》じ文様《もんよう》が、敦煌《とんこう》（中国《ちゅうごく》）の1300年《ねん》ほど前《まえ》の壁画《へきが》にも使《つか》われています。和太鼓《わだいこ》などにかかれている「ともえ」の文様《もんよう》は、アイヌ文様《もんよう》のほか、沖縄《おきなわ》や韓国《かんこく》、そしてイギリスの古代文化《こだいぶんか》の文様《もんよう》にも見《み》られます。良《よ》いデザインは人《ひと》から人《ひと》へ伝《つた》わって、いろいろな地《ち》域《いき》で楽《たの》しまれてきたのですね。

きょうのことば

ししゅうの文様《もんよう》

着物《きもの》の文様《もんよう》は、色《いろ》のちがう布《ぬの》の組《く》み合《あ》わせや、針《はり》と糸《いと》によるししゅうでできています。着物《きもの》の布《ぬの》の上《うえ》に、色《いろ》のちがう布《ぬの》を切《き》りぬいたり、折《お》りまげたりしながらぬいつけると、きれいな文様《もんよう》になります。布《ぬの》が重《かさ》なった部《ぶ》分《ぶん》はじょうぶにもなります。

ししゅうには、小《ちい》さな輪《わ》をつなげたようなオホカラ（チェーンステッチ）と、1本《ぽん》の糸《いと》を別《べつ》の糸《いと》でおさえるようにぬうイカラリ（コーチングステッチ）がよく使《つか》われます。

モンゴルのノイン・ウラ遺跡《いせき》で見《み》つかった2千年《せんねん》ほど前《まえ》のカーペットには、チェーンステッチでうずまき文様《もんよう》がししゅうしてありました。

ししゅうにも長《なが》い歴史《れきし》があることがわかりますね。

「うずまき」と「トゲ」？

アイヌ文様《もんよう》は「うずまき」と「トゲ」の組《く》み合《あ》わせだといわれることがあります。でも、これはちょっと説明不足《せつめいぶそく》です。呼《よ》び方《かた》はいろいろあるのです。

胆振地方《いぶりちほう》や日高地方《ひだかちほう》のアイヌ語《ご》では、うずまき文様《もんよう》を「モレウ」とよび、「静《しず》かにまがる」という意味《いみ》だと言《い》われています。オホーツク管内美幌町《かんないびほろちょう》では、「シㇰヌㇺ（目玉《めだま》）」とよび、樺太《からふと》では「オシカリカリヘコンパ（丸《まる》く先《さき》をまげる）」とよびます。

トゲ文様《もんよう》は、胆振《いぶり》・日高《ひだか》では「アイウㇱ」とよびます。トゲ文様《もんよう》にもいろいろなよびかたがあり、樺太《からふと》では「エンリㇺ（先《さき》）」、旭川市《あさひかわし》では「ウオㇰキキㇼ（つながった尺取《しゃくと》り虫《むし》）」とよびます。地域《ちいき》ごとの言葉《ことば》・文化《ぶんか》を知《し》るのもおもしろいですね。

アイヌ語《ご》のこよみ 季節《きせつ》や暮《く》らしを表現《ひょうげん》

アイヌ語《ご》のカレンダー
むかしの暮《く》らしが月《つき》の名前《なまえ》に

みなさんはどんなカレンダーを使《つか》っていますか？　札幌《さっぽろ》のアイヌ民族文化財団《みんぞくぶんかざいだん》は、アイヌ語《ご》カレンダーをホームページでしょうかいしています。

日本語《にほんご》には1月《がつ》、2月《がつ》、3月《がつ》のほかに、「睦月《むつき》」「如月《きさらぎ》」「弥生《やよい》」という古《ふる》い呼《よ》び方《かた》があります。アイヌ語《ご》の各月《かくつき》の名前《なまえ》にも、昔《むかし》のアイヌの暮《く》らしが表《あらわ》れています。旭《あさひ》川市《かわし》などで使《つか》われてきた月名《つきめい》を見《み》てみましょう。1月《がつ》はイノミチュプと呼《よ》びます。「いのる月《つき》」という意味《いみ》があります。和民族《わみんぞく》の正月《しょうがつ》の文化《ぶんか》を取《と》り入《い》れたものでしょう。

2月《がつ》のタシクルチュプは「寒《さむ》さの月《つき》」、3月《がつ》のトエタンネは「日《ひ》が長《なが》くなる月《つき》」と呼《よ》び、季節《きせつ》の変化《へんか》がよく分《わ》かります。5月《がつ》、ムンドッカチュプ（草《くさ》を生《は》やす月《つき》）になると、山菜《さんさい》の収穫《しゅうかく》が本格化《ほんかくか》します。

畑仕事《はたけしごと》を始《はじ》める6月《がつ》は、その意味《いみ》をこめてトイタチュプと呼《よ》びます。ヒエやアワ、イモ、カボチャ、豆《まめ》、トウキビなど、さまざまな作物《さくもつ》を作《つく》ってきました。

夏《なつ》は漁《りょう》の季節《きせつ》です。7月《がつ》はクンネヤシチュプ（夜《よる》にあみを流《なが》す月《つき》）、9月《がつ》はヤシチュプ（あみを流《なが》す月《つき》）です。ヤシというのは、昔《むかし》の漁《りょう》の方法《ほうほう》です。2せきの船《ふね》の間《あいだ》にあみを張《は》り、マスなどの魚《さかな》をとります。8月《がつ》のクンネスシチュプは「夜《よる》、水浴《みずあ》びする月《つき》」という意味《いみ》ですが、この水浴《みずあ》びも川《かわ》で魚《さかな》をとることを指《さ》します。

同《おな》じ月《つき》でも地方《ちほう》によって、呼《よ》び方《かた》がちがいます。旭《あさひ》川市《かわし》での10月《がつ》はコムニランチュプですが日高地方新《ひだかちほうしん》ひだか町静内《ちょうしずない》の10月《がつ》はウレポク、サケ漁《りょう》に出《で》て足《あし》の裏《うら》に砂《すな》が付《つ》くという意味《いみ》です。川《かわ》をさかのぼって来《き》たサケをとる時期《じき》だったことが伝《つた》わります。12月《がつ》はクエカイ、仕《し》かけ弓《ゆみ》がこおって折《お》れる月《つき》だそうです。

アイヌ民族文化財団《みんぞくぶんかざいだん》のホームページでは、樺太地方《からふとちほう》（サハリン）や道内各地《どうないかくち》の言葉《ことば》で書《か》かれたカレンダーもしょうかいしています。

川《かわ》でさかんにサケ漁《りょう》
すてる所《ところ》少《すく》なく食《た》べ方《かた》いろいろ

北海道《ほっかいどう》のあちこちで、サッチェプ（ほしザケ）を作《つく》る様子《ようす》がニュースで流《なが》れています。サケは秋《あき》に川《かわ》に上《のぼ》り始《はじ》めて、おそいときは年明《としあ》けまで上《のぼ》るといい、この季節《きせつ》の風物詩《ふうぶつし》です。和民族《わみんぞく》のお正月《しょうがつ》のおくりものにも「新巻《あらま》きザケ」がありますね。

明治時代《めいじじだい》ごろまで、アイヌ民族《みんぞく》は川《かわ》でさかんに漁《りょう》をしていました。海《うみ》では地引《じび》きあみでサケをとり、こちらの方《ほう》があぶらも乗《の》っていておいしいといわれますが、川《かわ》のサケにも良《よ》さがあるのです。川《かわ》に上《のぼ》ったサケはあぶらが少《すく》なく、長《なが》く保存《ほぞん》しても味《あじ》が悪《わる》くなりません。皮《かわ》も厚《あつ》くてじょうぶになるので、くつなどを作《つく》るのにも向《む》いているのです。

川《かわ》の漁《りょう》には、いろいろな道具《どうぐ》がつかわれました。2そう

の船《ふね》の間《あいだ》にあみをはってとる方法《ほうほう》、マレクやアㇷ゚など何種《なんしゅ》類《るい》かの鉄《てつ》カギ、魚《さかな》の通《とお》り道《みち》をさえぎってとるテㇱやウライというしかけもありました。北海道犬《ほっかいどうけん》も大活躍《だいかつやく》しました。江戸時代《えどじだい》の終《お》わりごろ、今《いま》の旭川市《あさひかわし》付近《ふきん》に住《す》んでいたおばあさんの家《いえ》では、7ひきの犬《いぬ》が2千《せん》びきもサケをとったと記録《きろく》されています。もちろん食《た》べきれないので、ほしザケにしたのでしょう。

北方民族《ほっぽうみんぞく》の食事《しょくじ》に並《なら》ぶサケ料理《りょうり》 だしとしても活用《かつよう》

サケは、ほとんどすてる所《ところ》がないといわれます。皮《かわ》、身《み》、胃《い》、心臓《しんぞう》、卵《たまご》、軟骨《なんこつ》などすべておいしく食《た》べられますし、骨《ほね》やヒレからは、だしがとれます。アイヌや、カムチャツカ・サハリンなどに暮《く》らす北方民族《ほっぽうみんぞく》の食事《しょくじ》には、さし身《み》、ひもの、煮《に》もの、焼《や》きもの、あげものなど、さまざまなサケ料《りょう》理《り》が並《なら》びます。

私《わたし》のおすすめは、筋子《すじこ》とゆでたジャガイモを混《ま》ぜたもの。それから、頭《あたま》の軟骨《なんこつ》を生《なま》のままみじん切《き》りにしたチタタㇷ゚。胃《い》をスープに入《い》れたり、心臓《しんぞう》を煮込《にこ》んだりした料理《りょうり》も最高《さいこう》です。新鮮《しんせん》なサケが手《て》に入《はい》ったら、ぜひ食《た》べてみてください。

きょうのことば

保存食《ほぞんしょく》

食《た》べたものをかんそうさせると、塩《しお》やさとう、こうじなどを使《つか》わず、かんたんに食《た》べ物《もの》を保存《ほぞん》できます。おなじように肉《にく》も山菜《さんさい》もほしておくと保存《ほぞん》できます。魚《さかな》をほすとき、くさりやすい内臓《ないぞう》をとって、丸《まる》ごとほしたものをサッチェㇷ゚といいます。魚《さかな》の身《み》をひろげ、くしをさし通《とお》してほす方法《ほうほう》や、魚《さかな》の身《み》に切《き》りこみを入《い》れる方法《ほうほう》などもあります。筋子《すじこ》もほして取《と》っておくことができます。

11月《がつ》ごろになって冷《ひ》えこみが強《つよ》くなると、虫《むし》もいなくなり、本格的《ほんかくてき》な保存食《ほぞんしょく》作《づく》りの季節《きせつ》になります。かわいた魚《さかな》は家《いえ》の天井《てんじょう》につるし、いろりのけむりでくんせいにしました。ほしザケは、和民族《わみんぞく》などまわりの民《みん》族《ぞく》と交易《こうえき》をするときの大切《たいせつ》な商品《しょうひん》にもなりました。

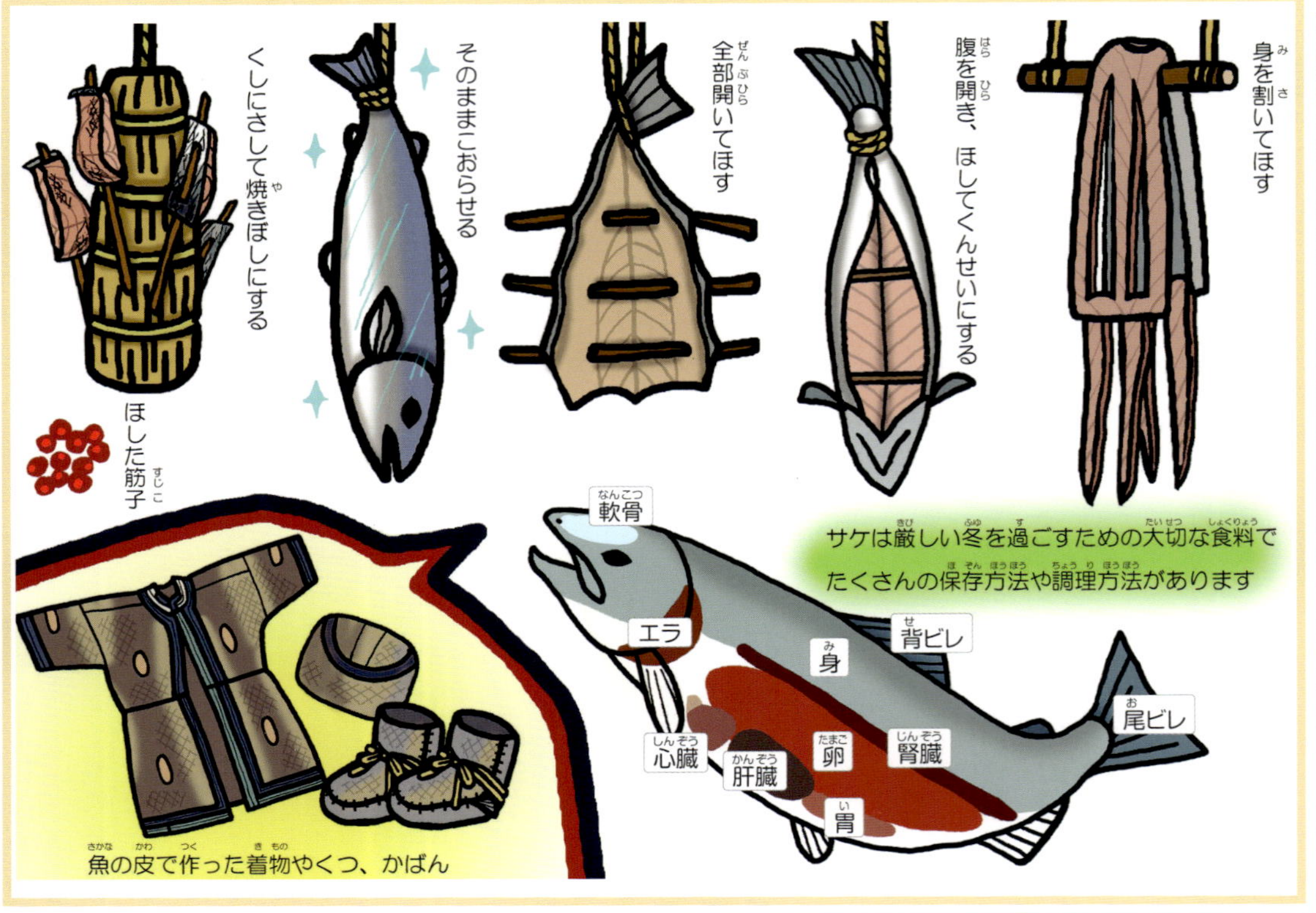

皮《かわ》の利用《りよう》

魚《さかな》の皮《かわ》は食《た》べておいしいだけでなく、身《み》の回《まわ》りの道具《どうぐ》を作《つく》る材料《ざいりょう》にもなりました。アイヌや、もっと北《きた》の民族《みんぞく》ではサケやイトウなど大《おお》きな魚《さかな》の皮《かわ》で、くつやかばん、着物《きもの》を作《つく》りました。皮《かわ》のうらについた身《み》や油《あぶら》をしっかりとると、においもしません。

魚《さかな》の皮《かわ》は、ヒレを切《き》り落《お》とした場所《ばしょ》が穴《あな》になります。そこに別《べつ》の皮《かわ》をあてて、ししゅうでぬいつけました。あてる皮《かわ》をきれいな形《かたち》に切《き》ったり、ししゅうで文様《もんよう》をつけたりすることで、かざりにもなりました。

三味線《しゃみせん》などの楽器《がっき》の一部《いちぶ》は、動物《どうぶつ》の皮《かわ》をはって作《つく》りますが、そういうところに魚《さかな》の皮《かわ》を使《つか》うこともありました。皮《かわ》にはのりのような、はりつく成分《せいぶん》があるので、皮《かわ》を煮《に》つめると接着《せっちゃく》ざいにもなります。

雪《ゆき》にまつわる伝承《でんしょう》

大《おお》雪《ゆき》は「ようかい」のしわざ？

雪《ゆき》のことをアイヌ語《ご》でウパシ、大雪《おおゆき》になることはウパシポロと言《い》います。雪《ゆき》が多《おお》い年《とし》は本当《ほんとう》に大変《たいへん》ですよね。

こんなとき昔《むかし》は木《き》のスコップで雪《ゆき》かきをしました。アイヌ民族《みんぞく》が暮《く》らしてきた場所《ばしょ》は雪《ゆき》の季節《きせつ》が長《なが》いので、雪《ゆき》にまつわる伝承《でんしょう》もたくさんあります。雪《ゆき》には植物性《しょくぶつせい》のせんいを白《しろ》くする作用《さよう》があります。イラクサという草《くさ》のせんいで糸《いと》を作《つく》るとき、雪《ゆき》にさらすと真《ま》っ白《しろ》な、きれいな糸《いと》になります。子《こ》どもたちは雪合戦《ゆきがっせん》やウパシアイヌ（雪《ゆき》の人《ひと》＝雪《ゆき》だるま）を作《つく》って遊《あそ》びました。けれど、あまりに雪《ゆき》が多《おお》いと、楽《たの》しいだけではすみませんね。明治時代《めいじじだい》には大雪《おおゆき》のせいでシカがたくさん死《し》んでしまい、シカをとる人《ひと》びともとても困《こま》ったという話《はなし》があります。

地域《ちいき》に伝《つた》わる大雪《おおゆき》の話《はなし》 動画《どうが》も公開《こうかい》

十勝《とかち》地方《ちほう》の芽室町《めむろちょう》には、大雪《おおゆき》の話《はなし》が伝《つた》わっています。雲《くも》の上《うえ》にいる「ようかい」のようなものが、雲《くも》の上《うえ》で雪《ゆき》をかいて地上《ちじょう》になげすてると、それが村々《むらむら》に降《ふ》りつもります。たくさんかけば、それだけたくさん雪《ゆき》が降《ふ》る。どんどんどん降《ふ》らせるのがおもしろくて、家《いえ》がつぶれるほどたくさんの雪《ゆき》を降《ふ》らせたので、サマイエクㇽという神様《かみさま》にばっせられた、という内容《ないよう》です（You《ユー》 Tube《チューブ》では、この話《はなし》「空《そら》の上《うえ》の雪《ゆき》かき」をアイヌ語《ご》の朗読《ろうどく》とアニメーションで見《み》ることができます。左《ひだり》の二次元《にじげん》コードから読《よ》み取《と》れます。）。

2月《がつ》の終《お》わりや3月《がつ》に入《はい》るころ、気温《きおん》が上《あ》がって雨《あめ》が降《ふ》ることがあります。日高地方《ひだかちほう》の新冠町《にいかっぷちょう》ではこのころにアザラシやクマが子《こ》を産《う》むといい、この雨《あめ》をトゥカㇻ　ポ　スシテ（アザラシ神《がみ》が子《こ》に水浴《みずあ》びさせる）と呼《よ》びます。雨《あめ》が降《ふ》った後《あと》は雪《ゆき》がかたくなり、かりに行《い》くのが楽《らく》になります。このころになると春《はる》はもうすぐそこ。やがて雪《ゆき》の合間《あいま》のあちこちから、山菜《さんさい》が芽《め》ぶいてきます。

きょうのことば

木《き》のスコップ

除雪《じょせつ》や土《つち》をほるためにも使《つか》う道具《どうぐ》。アイヌ語《ご》ではカシケヘ（樺太《からふと》＝サハリン）やカシケㇷ゚（十勝《とかち》）と言《い》って「表面《ひょうめん》をけずるもの」という意味《いみ》です。雪《ゆき》をかくことをこうやって表現《ひょうげん》するんですね。ほかにもチセカランケ「家《いえ》の上《うえ》おろし」（上川《かみかわ》）、ウパシケㇷ゚「雪《ゆき》をけずるもの」（日高東部《ひだかとうぶ》）という言《い》い方《かた》があります。昔《むかし》の人《ひと》が家《いえ》の上《うえ》につもった雪《ゆき》をおろす様子《ようす》が、この名前《なまえ》からうかんできますね。

おもしろいことに、東北《とうほく》地方《ちほう》の日本語《にほんご》では雪《ゆき》かきのスコップをコシキと言《い》います。カシケㇷ゚とコシキは音《おと》がよく似《に》ているので、アイヌ語《ご》から日本語《にほんご》に入《はい》ったのではないかといわれています。

雪玉《ゆきだま》がエゾユキウサギになりました

ウサギは雪玉《ゆきだま》から生《う》まれた?

白《しろ》い冬毛《ふゆげ》のエゾユキウサギは、雪玉《ゆきだま》から生《う》まれたという言《い》い伝《つた》えがあります。ある山《やま》の上《うえ》の大《おお》きな家《いえ》に、だれもしらない６人《にん》の人《ひと》びとが暮《く》らしていて、いつもケンカばかりしてさわいでいました。そこへ、オキクㇽミカムイという男性《だんせい》がやってきて、こう言《い》いました。「おまえたちの正体《しょうたい》を知《し》ってるぞ。昔《むかし》、天《てん》の子《こ》どもたちが雪合戦《ゆきがっせん》をして、その雪玉《ゆきだま》が地上《ちじょう》に落《お》ちてウサギになったのがおまえたちだ。人間界《にんげんかい》では静《しず》かにしろ」。オキクㇽミカムイが木《き》の燃《も》えさしでポカリとやると、６人《にん》はウサギになってにげていきました。ウサギはもと雪玉《ゆきだま》なので体《からだ》が白《しろ》く、燃《も》えさしでたたかれたので耳《みみ》の先《さき》が黒《くろ》いのだそうです。

宣教師《せんきょうし》ジョン・バチェラーが
翻訳《ほんやく》したアイヌ語《ご》の新約聖書《しんやくせいしょ》
教会《きょうかい》ではキリスト生誕《せいたん》に関《かか》わる劇《げき》や
アイヌ語《ご》の聖歌《せいか》も歌《うた》われた
千島《ちしま》アイヌの人々《ひとびと》は、くらしの中《なか》に
キリスト教《きょう》を取《と》り入《い》れてきました

洗礼《せんれい》を受《う》けたクリスチャンのアイヌ女性《じょせい》がクリスマスに
コタン（村《むら》）の子供《こども》たちとともにいのる様子《ようす》
千島《ちしま》の人《ひと》たちの家《いえ》にあった
イコン（聖画《せいが》）
カムイを祭《まつ》るイナウ

クリスマス
トナカイ　もとはアイヌ語《ご》

私《わたし》は小学生《しょうがくせい》になる前《まえ》から、クリスマスのケーキとかざりつけとプレゼントを毎年《まいとし》楽《たの》しみにしていました。

ところで、サンタクロースが乗《の》るそりはトナカイが引《ひ》いています。実《じつ》はこのトナカイという動物《どうぶつ》の名前《なまえ》は、「トゥナカイ」というアイヌ語《ご》がもとになっています。そう考《かんが》えると、たぶん私《わたし》もみなさんも最初《さいしょ》に覚《おぼ》えたアイヌ語《ご》は、キリスト教《きょう》とセットでした。おもしろいですね。

キリスト教《きょう》でクリスマスを祝《いわ》うようになったのは、1700年前《ねんまえ》ごろだといわれます。ヨーロッパでも昔《むかし》から冬至《とうじ》（1年《ねん》で最《もっと》も昼《ひる》の時間《じかん》が短《みじか》い日《ひ》）を大切《たいせつ》にしていて、これに合《あ》わせて12月《がつ》25日《にち》に太陽《たいよう》の神《かみ》や農耕《のうこう》の神《かみ》を祭《まつ》りました。クリスマスもこの時期《じき》に祝《いわ》うようにしたのです。

キリスト教《きょう》取《と》り入《い》れ 今《いま》のアイヌ文化《ぶんか》が誕生《たんじょう》

クリスマスツリーは、キリスト教《きょう》がヨーロッパの北《きた》の方《ほう》に広《ひろ》まる中《なか》で、カシの木《き》をかざる北方《ほっぽう》の行事《ぎょうじ》を取《と》り入《い》れたものだといいます。サンタクロースのそりも北《きた》の文化《ぶんか》ですね。こうしてさまざまな土地《とち》の宗教《しゅうきょう》や文化《ぶんか》と混《ま》ざり、変《か》わりながら今《いま》のキリスト教《きょう》ができてきました。

やがて宣教師《せんきょうし》という人《ひと》びとが世界各地《せかいかくち》にキリスト教《きょう》を広《ひろ》めました。300年《ねん》ほど前《まえ》には、千島列島《ちしまれっとう》のアイヌ民族《みんぞく》の間《あいだ》に、ロシアのキリスト教《きょう》が入《はい》り、明治時代《めいじじだい》になると北海道《ほっかいどう》にイギリスのキリスト教《きょう》（カトリック）が入《はい》ってきました。このとき北海道《ほっかいどう》アイヌでキリスト教《きょう》を学《まな》んだ人《ひと》びとは女性《じょせい》が多《おお》く、人《ひと》びとの暮《く》らしを良《よ》くするためにいろいろな努力《どりょく》をしました。また、アイヌ語《ご》をローマ字《じ》で書《か》き残《のこ》したり、日本語《にほんご》で歌《うた》を作《つく》ったりしました。

こうしてアイヌ民族《みんぞく》もクリスマスのお祝《いわ》いをしたり、聖歌《せいか》（キリスト教《きょう》の歌《うた》）をアイヌ語《ご》で歌《うた》ったりと、キリスト教《きょう》を取《と》り入《い》れたアイヌ文化《ぶんか》ができたのです。

きょうのことば

千島《ちしま》アイヌ

北海道《ほっかいどう》の知床半島《しれとこはんとう》から東《ひがし》の海上《かいじょう》には、千島列島《ちしまれっとう》の50以上《いじょう》の島々《しまじま》が続《つづ》いています。択捉島《えとろふとう》までは、今《いま》の根室市《ねむろし》や釧路管内厚岸町《くしろかんないあっけしちょう》などに住《す》んでいたアイヌ民族《みんぞく》が、りょうをする所《ところ》だったといわれます。

一方《いっぽう》、ウルップ島《とう》より北《きた》の島々《しまじま》に暮《く》らした人《ひと》びとを、千島《ちしま》アイヌと呼《よ》ぶことがあります。この地域《ちいき》を地元《じもと》の言《い》い方《かた》ではルトㇺと呼《よ》びます。北海道《ほっかいどう》の人《ひと》びとからはチュプカウンクㇽ（東《ひがし》の人《ひと》）と呼《よ》ばれました。

千島《ちしま》アイヌの人《ひと》びとは早《はや》い時期《じき》からロシア人《じん》と接《せっ》したため、ロシア語《ご》やキリスト教《きょう》が暮《く》らしの中《なか》に入《はい》ってきました。ロシア風《ふう》の衣服《いふく》や楽器《がっき》を作《つく》るようになりましたし、カムイを祭《まつ》るイナウとキリスト教《きょう》の聖画《せいが》を大切《たいせつ》にしてきました。第《だい》2次《じ》世界大戦後《せかいたいせんご》は北海道《ほっかいどう》に移《うつ》り住《す》みました。

200年《ねん》ほど前《まえ》に描《えが》かれたサンタクロース　　ヒゲが立派《りっぱ》な樺太《からふと》アイヌのヘンケ（おじいさん）

サンタクロース

サンタクロースの名前《なまえ》は、1700年《ねん》ほど前《まえ》、今《いま》のトルコにいた聖《せい》ニコラウスという男性《だんせい》がもとになっています。ある時《とき》、聖《せい》ニコラウスが貧《まず》しい人《ひと》を助《たす》けようと、家《いえ》の外《そと》からお金《かね》を投《な》げ入《い》れました。これがくつに入《はい》ったことから、プレゼントをくつやくつしたに入《い》れるようになりました。

聖《せい》ニコラウス祭《さい》は、子《こ》どもがプレゼントをもらえる日《ひ》としてヨーロッパに広《ひろ》まりました。プレゼントを配《くば》る人《ひと》は、おばあさん、子《こ》ども、天使《てんし》、動物《どうぶつ》のような姿《すがた》で角《つの》のある人《ひと》など、いろいろ想像《そうぞう》されました。今《いま》から200年前《ねんまえ》、アメリカで毛皮《けがわ》のコートを着《き》てトナカイのそりに乗《の》るサンタクロースの絵《え》がえがかれました。それがやがて、赤《あか》い服《ふく》をきて北極《ほっきょく》に住《す》むニコニコ顔《がお》のサンタになったのです。

強《つよ》い風《かぜ》 困《こま》った神様《かみさま》 まじないで「解決《かいけつ》」

夏《なつ》になると台風《たいふう》のニュースが続《つづ》きます。ここ数年《すうねん》は、全《ぜん》国各地《こくかくち》でかつてないほどの強《つよ》い風《かぜ》や雨《あめ》に見舞《みま》われることがたびたびあり、人《ひと》びとが危険《きけん》な目《め》にあったり、農作物《のうさくぶつ》がだめになってしまったりと、多《おお》くの被害《ひがい》が出《で》ています。

昔《むかし》の人《ひと》は、災害《さいがい》にどう備《そな》えたのでしょう。

まず、家《いえ》を建《た》てたり村《むら》をつくったりするときは、大雨《おおあめ》が降《ふ》っても流《なが》されないような場所《ばしょ》を選《えら》びました。でも、気《き》をつけていても、危《あぶ》ないときはあります。そこで、風《かぜ》や雨《あめ》に備《そな》えるおまじないがありました。

樺太《からふと》（サハリン）のアイヌ民族《みんぞく》には、灰《はい》を使《つか》って風《かぜ》をおとなしくさせる「まじない」が伝《つた》わっています。昔《むかし》は、どの家《いえ》にも暖房《だんぼう》や調理《ちょうり》のための「いろり」があって、火《ひ》の神《かみ》様《さま》が家《いえ》の中《なか》を守《まも》ってくれるよう、おいのりしていました。いろりの灰《はい》は、火《ひ》の神様《かみさま》の体《からだ》から出《で》たものなので、魔物《まもの》を追《お》いはらうパワーがあると考《かんが》えられていました。そこで、風《かぜ》が強《つよ》いときは、風《かぜ》に向《む》かって「風《かぜ》の目《め》に入《はい》れ！」と唱《とな》えながら、灰《はい》をまきました。こうすると、風《かぜ》は目《め》が痛《いた》くて、おとなしくなる、というわけです。

草《くさ》をかる「かま」を使《つか》ったまじないもあります。釧路《くしろ》地《ち》方《ほう》では、風《かぜ》の強《つよ》い日《ひ》に、風《かぜ》に向《む》かってかまを高《たか》く立《た》てて「あんまり強《つよ》くふくと、あなたのおくさんのはだ着《ぎ》が切《き》れるよ」と唱《とな》えました。おもしろいことに、風《かぜ》よけにかまを立《た》てるまじないは、本州《ほんしゅう》の和民族《わみんぞく》の文化《ぶんか》でも広《ひろ》く見《み》られます。

自然《しぜん》に力《ちから》を貸《か》してくれとお願《ねが》いする文化《ぶんか》さまざまな国《くに》で

いろりの火《ひ》も風《かぜ》も、生《い》き物《もの》という感《かん》じはしませんし、声《こえ》をかけても返事《へんじ》はありません。しかし、昔《むかし》からの考《かんが》え方《かた》では、火《ひ》や風《かぜ》にも命《いのち》があって、人間《にんげん》を守《まも》ることもあれば困《こま》らせることもあるものだったのです。

自然《しぜん》を神様《かみさま》と考《かんが》えて、人《ひと》を困《こま》らせるのでなく力《ちから》を貸《か》してくれるようにお願《ねが》いする文化《ぶんか》は、いろいろな国《くに》に見《み》られます。

きょうのことば

和民族《わみんぞく》の神様《かみさま》

和民族《わみんぞく》は何《なに》においのりするかと考《かんが》えてみると、神社《じんじゃ》の神様《かみさま》やお寺《てら》の仏様《ほとけさま》が思《おも》いうかびます。また、キリスト教《きょう》やイスラム教《きょう》を信《しん》じる人《ひと》もいますね。

もともと日本《にほん》では、神社《じんじゃ》の神様《かみさま》ばかりでなく、かまどの荒神《こうじん》（火《ひ》の神《かみ》）など、いろいろな神様《かみさま》が信《しん》じられてきました。また、仏教《ぶっきょう》は、インドのヒンドゥー教《きょう》の神《かみ》様《さま》や、中国《ちゅうごく》・韓国《かんこく》などの考《かんが》え方《かた》を取《と》り入《い》れながら日本《にほん》に伝《つた》わったので、いろいろなルーツの仏様《ほとけさま》がいます。

「風切《かざき》りのかま」は、神主《かんぬし》さんやおぼうさんに限《かぎ》らず、ふつうの人《ひと》びとが行《おこな》ってきた習慣《しゅうかん》です。福島県《ふくしまけん》や富山《とやま》県《けん》、関東地方《かんとうちほう》、四国地方《しこくちほう》など、東日本《ひがしにほん》にも西日本《にしにほん》にも広《ひろ》く見《み》られます。

風《かぜ》の助《たす》けを借《か》りる

　風《かぜ》も雨《あめ》も強《つよ》すぎれば困《こま》りますが、かといって全《まった》くなくても困《こま》ります。例《たと》えば、かりをしてとった動物《どうぶつ》の毛皮《けがわ》を干《ほ》すときは、たき火《び》でかわかすこともありますが、風《かぜ》があるとよくかわきました。そこで、アイヌ民族《みんぞく》は、風《かぜ》を呼《よ》びたいときにはまじないをしました。

　ロープの先《さき》に大《おお》きな細長《ほそなが》い板《いた》を結《むす》びつけて思《おも》い切《き》りふり回《まわ》すと、板《いた》が回転《かいてん》して「ブーン」と大《おお》きな音《おと》が鳴《な》ります。「レラスイェプ」（風《かぜ》をゆらすもの）という道具《どうぐ》で、この音《おと》を出《だ》しているうちに風《かぜ》がふき始《はじ》めるといいます。このような道具《どうぐ》は「うなり板《いた》」と呼《よ》ばれ、これも世界《せかい》の各地《かくち》にみられる文化《ぶんか》です。

お墓《はか》とお参《まい》り
家《いえ》のそばに祭壇《さいだん》

ニポポーズ

ご先祖《せんぞ》へ届《とど》けるイチャラパ　小笠原小夜《おがさわらさよ》

お参《まい》りする人《ひと》がいない死者《ししゃ》にもお供《そな》え アイヌ式《しき》「お参《まい》り」復活《ふっかつ》させる動《うご》きも

みなさんは、最近《さいきん》、お墓参《はかまい》りに行《い》きましたか。アイヌ式《しき》のご先祖《せんぞ》のお祭《まつ》り（イチャラパ、シンヌラッパなどと言《い》います）をした人《ひと》もいるかもしれませんね。今《こん》回《かい》は、お墓《はか》とお参《まい》りの話題《わだい》です。

今《いま》は「〇〇家《け》の墓《はか》」といった家族《かぞく》のお墓《はか》がふつうですね。しかし、昭和《しょうわ》の初《はじ》めごろまで、北海道《ほっかいどう》のアイヌ民族《みんぞく》は、村《むら》からはなれたところに個人個人《こじんこじん》のお墓《はか》をつくり、土葬《どそう》をすることが一般的《いっぱんてき》でした。和民族《わみんぞく》も、江《え》戸時代《どじだい》の農民《のうみん》や町人《ちょうにん》は、お墓《はか》といえば個人《こじん》のもので、土葬《どそう》をすることも多《おお》かったようです。

また、アイヌ民族《みんぞく》も和民族《わみんぞく》も、ご先祖《せんぞ》へのお供《そな》えやおいのりを、お墓《はか》に行《い》かず、家《いえ》のそばで行《おこな》うことがありました。北海道《ほっかいどう》のアイヌ民族《みんぞく》は、家《いえ》のそばに、ご先《せん》祖《ぞ》にいのるための祭壇《さいだん》がありました。和民族《わみんぞく》も「参《まい》り墓《はか》」といって、亡《な》くなった人《ひと》をうめるお墓《はか》とは別《べつ》に、お参《まい》り用《よう》のお墓《はか》を作《つく》る例《れい》が各地《かくち》に見《み》られました。

これは「死《し》」をおそれる気持《きも》ちから、葬式《そうしき》のとき以《い》外《がい》は墓地《ぼち》に近《ちか》よらないようにするために生《う》まれた習慣《しゅうかん》だともいわれます。

お参《まい》りでは、食《た》べものなどを供《そな》えますね。アイヌ民《みん》族《ぞく》は、子孫《しそん》が絶《た》えてお参《まい》りする人《ひと》のいない死者《ししゃ》にもお供《そな》えをします。春《はる》と秋《あき》にすることが多《おお》いですが、ご先《せん》祖《ぞ》を思《おも》い出《だ》したらいつでもしてよいのです。そして、おいのりをするのは、自分《じぶん》の知《し》っているご先祖《せんぞ》まででよいとされます。

アイヌ民族《みんぞく》も、一部《いちぶ》の地域《ちいき》の和民族《わみんぞく》も、死者《ししゃ》は時間《じかん》がたつとまた人《ひと》に生《う》まれ変《か》わると考《かんが》えてきたので、古《ふる》いご先祖《せんぞ》は、もう「あの世《よ》」にいないということなのかもしれません。

近《ちか》ごろは、アイヌ式《しき》のお参《まい》りを復活《ふっかつ》させようという人《ひと》が増《ふ》えてきました。お墓《はか》まで行《い》かなくていいので、道《どう》路《ろ》が混《こ》むこともありません。

人形《にんぎょう》いろいろ
子《こ》どもの成長《せいちょう》や無事《ぶじ》いのる

和民族《わみんぞく》のひな祭《まつ》りは、女《おんな》の子《こ》のすこやかな成長《せいちょう》をねがう行事《ぎょうじ》ですね。ひな祭《まつ》りは、いくつかの習慣《しゅうかん》が合《あ》わさって今《いま》の形《かたち》になったといわれています。昔《むかし》は、草《くさ》やわらで人形《にんぎょう》を作《つく》って遊《あそ》んだそうで、今《いま》でも草花《くさばな》びなを作《つく》る地域《ちいき》があります。

人形《にんぎょう》で体《からだ》をなでたり、まくらもとに置《お》いたりして、体《からだ》についた悪《わる》いものを移《うつ》して川《かわ》に流《なが》す、おはらいも行《おこな》われました。古代《こだい》の中国《ちゅうごく》には3月《がつ》の初《はじ》めに水辺《みずべ》で身《み》を清《きよ》める習慣《しゅうかん》があり、これが日本《にほん》に伝《つた》わって、3月《がつ》に人形《にんぎょう》を流《なが》すようになったということです。

江戸時代《えどじだい》には、この行事《ぎょうじ》は女性《じょせい》のものと考《かんが》えられるようになりますが、私《わたし》（北原《きたはら》）も小《ちい》さいころかざりました。ひな人《にん》形《ぎょう》と結《むす》びつき、今《いま》のようなぜいたくな人形《にんぎょう》が生《う》まれました。

いのりを込《こ》めて
樺太《からふと》アイヌは「お守《まも》り」として人形作《にんぎょうづく》り

アイヌ民族《みんぞく》にも、子《こ》どもを守《まも》るための人形《にんぎょう》があります。北海道《ほっかいどう》のアイヌ文化《ぶんか》には「人形《にんぎょう》を作《つく》ってはいけない」という考《かんが》えがありましたが、樺太《からふと》（サハリン）ではお守《まも》りとして、木彫《きぼ》りの「ニポポ」などいろいろな人形《にんぎょう》が見《み》られます。

樺太《からふと》アイヌの人形《にんぎょう》は、オホーツク海沿《かいぞ》いやロシアのアムール川流域《がわりゅういき》に住《す》む人《ひと》たちの文化《ぶんか》と似《に》ています。

たとえば、樺太《からふと》の東側《ひがしがわ》の白浜村《しらはまむら》では昭和《しょうわ》20年《ねん》ごろまで、子《こ》どもの守《まも》り神《がみ》がまつられていました。それは、木《き》でできたおじいさんとおばあさんの人形《にんぎょう》をイナウ（木《き》をけずってふさにした、おいのりの道具《どうぐ》）で包《つつ》んだものでした。西側《にしがわ》の来知志村《らいちしむら》では、子《こ》どもが自分《じぶん》のお守《まも》りの人形《にんぎょう》の口《くち》に毎日《まいにち》、ご飯《はん》を付《つ》けていたそうです。

また、ポンニポポという小指《こゆび》の先《さき》ほどの目鼻《めはな》のない人形《にんぎょう》を、子《こ》どもの服《ふく》のえりなどにぬいつけることもありました。病気《びょうき》など良《よ》くないものが子《こ》どもに近《ちか》づくと、身代《みが》わりになってくれるとか。

人形《にんぎょう》は、子《こ》どもにとっては遊《あそ》び相手《あいて》であり、大人《おとな》にとっては「子《こ》どもを守《まも》ってほしい」という、いのりがこもったものなのですね。

きょうのことば

こよみ

江戸時代《えどじだい》まで、ひな祭《まつ》りは今《いま》の4月《がつ》に行《おこな》われていました。

アジアでは昔《むかし》、多《おお》くの国《くに》が月《つき》の動《うご》きをもとにしたこよみ（太陰暦《たいいんれき》）を使《つか》っていました。ヨーロッパでは太陽《たいよう》の動《うご》きを基準《きじゅん》にしたこよみ（太陽暦《たいようれき》）が主《おも》に使《つか》われており、日本《にほん》は明治時代《めいじじだい》にヨーロッパに合《あ》わせました。

この新《あたら》しいこよみは、元《もと》のこよみよりも月《つき》の切《き》りかわりが1カ月《げつ》ほど早《はや》かったため、ひな祭《まつ》りをする時期《じき》も早《はや》まったというわけです。

アイヌ民族《みんぞく》にも、月《つき》の動《うご》きをもとにした12カ月《げつ》のこよみがあります。それぞれの月《つき》は、トエタンネ（日《ひ》が長《なが》くなる＝3月《がつ》）などと、季節《きせつ》の変化《へんか》を表《あらわ》す名前《なまえ》がついています。（44ページも見《み》てみましょう）

おもちゃ・かざり・お守《まも》り

ひなかざりには、食器《しょっき》や弓矢《ゆみや》、楽器《がっき》など、いろいろな小物《こもの》があります。こうしたミニチュアは部屋《へや》にかざれば見《み》て楽《たの》しむものになりますが、子《こ》どもが持《も》てば、ままごとや「戦《たたか》いごっこ」に使《つか》うおもちゃにもなります。

アイヌ民族《みんぞく》や、樺太《からふと》・アムール地方《ちほう》のニヴフ民族《みんぞく》には、子《こ》どもが生《う》まれると、いろいろな道具《どうぐ》のミニチュアを作《つく》ってプレゼントしたり、子《こ》どもがねているそばにかざったりする習慣《しゅうかん》がありました。

おもちゃとかざりとお守《まも》りは、言葉《ことば》の上《うえ》では全《まった》くちがうもののようですが、実《じつ》はとても近《ちか》いものかもしれません。

木《き》のふさかざり
広《ひろ》い世界《せかい》　似《に》ている文化《ぶんか》

日本《にほん》から西《にし》へ、約《やく》7800キロ。トルコとロシアの間《あいだ》にジョージアという国《くに》があります（昔《むかし》はグルジアと呼《よ》ばれていました）。この遠《とお》い国《くに》から、大使《たいし》として来《き》ているティムラズ・レジャバさんは、SNS《エスエヌエス》の人気者《にんきもの》です。ジョージアや日本《にほん》の文化《ぶんか》、家族《かぞく》、政治《せいじ》など、話題《わだい》はさまざま。私《わたし》（北原《きたはら》）が注目《ちゅうもく》したのは、2022年《ねん》12月《がつ》にしょうかいされたジョージア版《ばん》のクリスマスツリー「チチラキ」です。

ジョージアでは、1月《がつ》7日《か》がクリスマスにあたります。クリスマスが近《ちか》くなると、市場《いちば》にチチラキがならびます。ヘーゼルナッツやクルミの枝《えだ》をうすくけずって「ふさかざり」を作《つく》り、木《こ》の葉《は》や木《き》の実《み》などでかざり付《つ》けをします。くるくるとカールした白《しろ》いリボンをたばねたような姿《すがた》で、ツリーらしく、てっぺんに十字架《じゅうじか》がついているものもあります。

アイヌ版《ばん》「チチラキ」
神様《かみさま》やご先祖様《せんぞさま》に供《そな》える「イナウ」

実《じつ》は、このチチラキにそっくりなものがアイヌ文化《ぶんか》にもあります。このコーナーにも何度《なんど》か登場《とうじょう》した「イナウ」です。チチラキの形《かたち》は、特《とく》に、道北《どうほく》や樺太《からふと》（サハリン）のイナウとよく似《に》ています。

イナウは神様《かみさま》やご先祖様《せんぞさま》にお供《そな》えするものです。樺太《からふと》でも北海道《ほっかいどう》でもヤナギの枝《えだ》をよく使《つか》い、おいのりの儀式《ぎしき》をするときは、時季《じき》を問《と》わずに作《つく》ります。お祭《まつ》りで新《あたら》しいイナウがならんだ様子《ようす》は、とてもきれいです。

アイヌ文化《ぶんか》とジョージア文化《ぶんか》が似《に》ているなんて不思議《ふしぎ》ですが、北海道《ほっかいどう》とジョージアの間《あいだ》の地域《ちいき》にも、チチラキやイナウににたものがたくさんあります。インドやマレーシア、オーストラリア、ラオスに台湾《たいわん》、そして日本《にほん》（和民族《わみんぞく》）にも。また、やはりチチラキにそっくりなものが、ヨーロッパにもあるのです。広《ひろ》いユーラシア大陸《たいりく》のはしからはしまで、文化《ぶんか》がつながっているとしたらすごいですね。

きょうのことば

イナウ

アイヌ民族《みんぞく》のイナウは、形《かたち》や大《おお》きさがいろいろ。お供《そな》えするカムイ（神様《かみさま》）や願《ねが》いごと、地域《ちいき》によって、使《つか》うイナウが変《か》わります。

作《つく》りたてのイナウはキラキラしてとてもきれいです。カムイの世界《せかい》に届《とど》いたイナウは金《きん》や銀《ぎん》に変《か》わり、カムイの宝物《たからもの》になると考《かんが》えられてきました。

シャチのカムイは銅《どう》のイナウ（ハンノキで作《つく》ったもの）が好《す》きだとか、ヒグマのカムイは銀《ぎん》のイナウ（ヤナギやミズキ）が好《す》きだとか、カムイによって好《この》みもあるといいます。

木《き》のイナウは男性《だんせい》が作《つく》るものとされ、マキリ（小刀《こがたな》）を使《つか》っていろいろな形《かたち》にけずり出《だ》します。材料《ざいりょう》は木《き》だけではありません。女性《じょせい》が作《つく》るイナウは、布《ぬの》や木綿《もめん》の糸《いと》などを使《つか》います。

きれいで貴重《きちょう》なものをカムイの世界《せかい》に送《おく》り、お礼《れい》をしたいという気持《きも》ちから生《う》まれた文化《ぶんか》でしょう。

アイヌ民族《みんぞく》のイナウ

いろいろな使《つか》われ方《かた》

本州《ほんしゅう》や九州《きゅうしゅう》、四国《しこく》のほとんどの地域《ちいき》でも、イナウににた木《き》のリボンが作《つく》られ「ケズリバナ」や「ケズリカケ」など、さまざまな名前《なまえ》でよばれます。1月《がつ》15日前後《にちぜんご》の「小正月《こしょうがつ》」や春《はる》と秋《あき》のお彼岸《ひがん》にかざるほか、お寺《てら》や神社《じんじゃ》の行事《ぎょうじ》などで使《つか》われます。

北《きた》ヨーロッパのフィンランドでは、クリスマスに、十字架《じゅうじか》とイナウが一《ひと》つになったようなものを作《つく》ります。ほかにも、聖水《せいすい》（きよめた水《みず》）にひたして、しずくをまき、あたりをきよめるなど、それぞれの土地《とち》の宗教《しゅうきょう》や文化《ぶんか》と結《むす》びついた、いろいろな使《つか》われ方《かた》があります。

これどう思《おも》う？ ②

「アイヌ」ってもういないの？

北原《きたはら》　たまに「アイヌ民族《みんぞく》はもういない」と言《い》う人《ひと》がいるんですよね。実際《じっさい》に私《わたし》たちは暮《く》らしているのに。なぜそう思《おも》うんでしょうね。

瀧口《たきぐち》　日本《にほん》に住《す》む人《ひと》はみな「日本人《にほんじん》」と無意識《むいしき》に思《おも》っているからかな？「国籍《こくせき》」は日本《にほん》だけど「民族《みんぞく》」は別《べつ》、ということが分《わ》かりにくいのかも。小学生《しょうがくせい》の娘《むすめ》が使《つか》っている外国語《がいこくご》の教科書《きょうかしょ》にアイヌが出《で》ていたんだって。それをみたクラスメイトが「アイヌなんてまだいるの？」と言《い》ったそうです。それに対《たい》し、先生《せんせい》はなにも言《い》わなかった。先生《せんせい》も準備不足《じゅんびぶそく》だなと思《おも》います。

北原《きたはら》　それは先生《せんせい》から何《なに》か言《い》ってほしいですね。

瀧口《たきぐち》　「純粋《じゅんすい》なアイヌ民族《みんぞく》はいない」と言《い》う人《ひと》がいますが、自分《じぶん》が日本人《にほんじん》だという人《ひと》はそもそも自分《じぶん》の純粋《じゅんすい》さについて考《かんが》えてみたことがあるのかな？「国《くに》」というくくりがあとから出来《でき》たんだから、そこに住《す》む人《ひと》びとはいろんなルーツを持《も》っているはずです。

北原《きたはら》　そうですね。日本《にほん》は古来《こらい》からいろんなグループが行《い》き来《き》してきました。縄文文化《じょうもんぶんか》のあと弥生文化《やよいぶんか》が広《ひろ》まったのも、朝鮮半島《ちょうせんはんとう》から移住《いじゅう》してきた人《ひと》たちの影響《えいきょう》だと言《い》われています。それ以降《いこう》も渡来人《とらいじん》と言《い》われる人《ひと》たちがたくさん日本《にほん》に住《す》みました。明治時代《めいじじだい》に新《あたら》しい国《くに》をつくって、アイヌや沖縄《おきなわ》、台湾《たいわん》や朝鮮《ちょうせん》を日本《にほん》の一部《いちぶ》としたので、ますますいろんな人《ひと》が住《す》むようになった。自分《じぶん》たちでそういう国《くに》にしたんですよね。「純粋《じゅんすい》なアイヌはいない」という言《い》い方《かた》は、「純粋《じゅんすい》な日《に》本人《ほんじん》はいるのに」と信《しん》じこんでいる気《き》がして、無《む》邪気《じゃき》だけど差別的《さべつてき》で暴力的《ぼうりょくてき》なものを感《かん》じます。

瀧口《たきぐち》　アイヌ民族《みんぞく》と和民族《わみんぞく》の付《つ》き合《あ》いが始《はじ》まって、何百年《なんびゃくねん》もたちます。アイヌも和民族《わみんぞく》も、生《せい》活《かつ》のスタイルを変《か》えながらいまにいたっている。それに、自分《じぶん》がアイヌであるかどうかは、血筋《ちすじ》が純粋《じゅんすい》かどうかで判断《はんだん》するものではないですね。

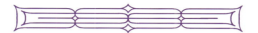

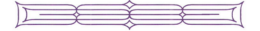

第《だい》3章《しょう》

一《いっ》般《ぱん》

アイヌ民族《みんぞく》？ アイヌ人《じん》？ 何《なん》と呼《よ》ぶ？

優劣《ゆうれつ》ない呼《よ》び方《かた》で

アイヌ民族《みんぞく》が話題《わだい》に上《のぼ》るときには、「アイヌ」「アイヌの人《ひと》たち」「アイヌの方々《かたがた》」などいろいろな呼《よ》び方《かた》が使《つか》われます。かつては「アイヌ族《ぞく》」や「アイヌ人《じん》」「土人《どじん》」と言《い》われることもありました。

人《ひと》のよび方《かた》にはほかにも人種《じんしゅ》、種族《しゅぞく》、部族《ぶぞく》などがありますね。新聞社《しんぶんしゃ》などは使《つか》い方《かた》を注意《ちゅうい》するようになっていますが、いったい、どの呼《よ》び方《かた》が良《よ》いのでしょうか。

こうした言葉《ことば》の使《つか》い方《かた》は、感覚的《かんかくてき》なものだという研究《けんきゅう》があります。はっきりとした決《き》まりはありませんが「文明的《ぶんめいてき》」と思《おも》われている人《ひと》たちは「○○人《じん》」や「○○民族《みんぞく》」、反対《はんたい》に「原始的《げんしてき》だ」と思《おも》われている人《ひと》たちには「族《ぞく》」「部族《ぶぞく》」や「土《ど》人《じん》」が使《つか》われています。地域《ちいき》ごとにどの言葉《ことば》が多《おお》くつかわれているかを見《み》てみると「民族《みんぞく》」を使《つか》うのはヨーロッパ、「族《ぞく》」や「部族《ぶぞく》」と呼《よ》ぶのはアジアやアフリカ、アメリカ先《せん》住民《じゅうみん》がほとんどではないでしょうか。

日本《にほん》に住《す》む人《ひと》は「日本族《にほんぞく》」「日本土人《にほんどじん》」？いやだと感《かん》じたら、使《つか》わない

仮《かり》に日本《にほん》に住《す》む人《ひと》を「日本族《にほんぞく》」や「日本土人《にほんどじん》」と呼《よ》んだとしたらどうでしょう？　もしいやだと感《かん》じるなら、そのような呼《よ》び方《かた》はだれに対《たい》しても使《つか》わない方《ほう》がいいですね。

ところで「日本人《にほんじん》」とはだれのことを指《さ》すのでしょうか。ある辞書《じしょ》には「日本国籍《にほんこくせき》を有《ゆう》する人《ひと》」「日本国民《にほんこくみん》」と書《か》いてありました。アイヌ民族《みんぞく》、現在《げんざい》の沖縄県《おきなわけん》や奄美諸島《あまみしょとう》の人《ひと》びと、東京都《とうきょうと》の小笠原諸島《おがさわらしょとう》にずっと前《まえ》から住《す》んでいる人《ひと》（ハワイなどにルーツを持《も》ち、現地《げんち》では欧米系島民《おうべいけいとうみん》などと言《い》われています）は、明治時代《めいじじだい》に日本国籍《にほんこくせき》を持《も》ちました。今《いま》ではもっとさまざまな人《ひと》が国籍《こくせき》を持《も》っています。日本人《にほんじん》は国《こく》籍《せき》を持《も》つ全《すべ》ての人《ひと》を指《さ》します。

このため、本州《ほんしゅう》・九州《きゅうしゅう》・四国《しこく》に暮《く》らしてきた人《ひと》びとを指《さ》すときには「和人《わじん》」を使《つか》います。ただ「人《じん》」と「民族《みんぞく》」の間《あいだ》には優劣《ゆうれつ》のイメージがあるとして「アイヌ人《じん》と和人《わじん》」とか「アイヌ民族《みんぞく》と和民族《わみんぞく》」と言《い》うように、同《おな》じ呼《よ》び方《かた》にしようという提案《ていあん》もあります。

きょうのことば

アイヌ人《じん》

私《わたし》の知人《ちじん》には「アイヌ人《じん》」という言《い》い方《かた》が好《す》きになれないという人《ひと》がいます。学《がっ》校《こう》で「差別語《さべつご》だから使《つか》ってはいけない」と教《おそ》わることもあるそうです。

私《わたし》は差別的《さべつてき》とまでは思《おも》いませんが、小学生《しょうがくせい》のころは違和感《いわかん》がありました。なぜなら、アイヌは「人間《にんげん》」という意味《いみ》なので「アイヌ人《じん》」は同《おな》じ言葉《ことば》がつながっていることになります。「男性《だんせい》マン」とか「花《はな》フラワー」という言葉《ことば》があったら変《へん》ですよね。

「タイ人《じん》」「オランダ人《じん》」のように、「〇〇人《じん》」は外国《がいこく》の人《ひと》に使《つか》うイメージもあります。そのためでしょうか、「アイヌ人《じん》」という表現《ひょうげん》からは「日本《にほん》の外《そと》」に置《お》かれている感《かん》じを受《う》けるのかもしれません（36ページを見《み》てみよう）。

世界《せかい》にはいろんな人《ひと》びとの集団《しゅうだん》があります

土人《どじん》とウタリ

土人《どじん》と言《い》う言葉《ことば》を知《し》っていますか。ある国語辞典《こくごじてん》で「土人《どじん》」の項目《こうもく》を引《ひ》くと、❶その土地《とち》の人《ひと》❷未開《みかい》の地《ち》で原始的《げんしてき》な生活《せいかつ》をしている人《ひと》と書《か》いてあります。

❷のように、人《ひと》が暮《く》らしているところを「未開《みかい》」と呼《よ》んだり、その暮《く》らしを「原始的《げんしてき》」などと言《い》ったりするのは失礼《しつれい》なことです。

これにたいし❶には一見《いっけん》、悪《わる》い意味《いみ》はなさそうです。ただ時代《じだい》が進《すす》むに連《つ》れ❷の意味合《いみあ》いが強《つよ》くなり、今《いま》では差別的表現《さべつてきひょうげん》とされています。

昭和初期《しょうわしょき》、旭川市《あさひかわし》でアイヌの女性《じょせい》が万引《まんびき》の疑《うたが》いをかけられたことがありました。このとき取《と》り調《しら》べをした警察官《けいさつかん》（和民族《わみんぞく》）が「このアイヌ！」といういい方《かた》をしました。民族名《みんぞくめい》の「アイヌ」もぶじょくの言葉《ことば》として使《つか》われ、多《おお》くの人《ひと》が傷《きず》ついてきました。そこで大正時代《たいしょうじだい》から「ウタリ（身内《みうち》）」という言葉《ことば》も使《つか》われるようになりました。

見た目《みめ》 大事《だいじ》なの？ 「良《よ》い」「ふつう」はいろいろ

「ルッキズム」という言葉《ことば》が広《ひろ》まってきています。人《ひと》の考《かんが》えや行《おこな》いよりも、見《み》た目《め》が大事《だいじ》だと考《かんが》えることです。「ふつう」にこだわることともいえます。ふつうより太《ふと》っていてもやせていても良《よ》くない、体《からだ》に毛《け》が生《は》えているべき所《ところ》は決《き》まっていて、それより少《すく》なくても多《おお》くてもダメとか。

欧米《おうべい》では、まゆ毛《げ》や体毛《たいもう》をそらない女性芸能人《じょせいげいのうじん》が増《ふ》えています。すると、SNS《エスエヌエス》だけでなく、面《めん》と向《む》かってひどい言葉《ことば》を言《い》われることもあるそうです。アイヌ民族《みんぞく》も、顔立《かおだ》ちなどが和民族《わみんぞく》の「ふつう」とちがうとされて傷《きず》つく人《ひと》がいます。ルッキズムは差別《さべつ》にもつながるのです。

でも、「ふつう」は国《くに》や時代《じだい》によってずいぶんちがいます。昔《むかし》はアイヌ民族《みんぞく》も和民族《わみんぞく》も、体《からだ》は少《すこ》し太《ふと》めくらいが良《よ》いと考《かんが》えていました。アイヌの男性《だんせい》はひげをのばし、和民族《わみんぞく》の男性《だんせい》は頭《あたま》をそってまげを結《ゆ》い、まゆ毛《げ》もぬいたり、そったりするのがふつうでした。今《いま》から30年《ねん》ほど前《まえ》にはこいまゆが好《この》まれ、その後《あと》は細《ほそ》いまゆ、そして今《いま》はまた太《ふと》いまゆが流行《りゅうこう》しています。中央《ちゅうおう》アジアなど、まゆがつながっていることが美《うつく》しいとされる地域《ちいき》もあります。

「こうじゃなきゃダメ」はNG《エヌジー》「ありのままの自分《じぶん》」で

「良《よ》い」とか「ふつう」はいろいろで、変《か》わりやすい。それなのに、今《いま》は「こうじゃなきゃダメ」と感《かん》じてしまいがちです。テレビやインターネット、街中《まちなか》の広告《こうこく》などは「やせて！」「はだを白《しろ》く！」「毛《け》をなくして！」「髪《かみ》がないと！うえて！」というメッセージだらけ。こんなふうに言《い》われると前《まえ》は何《なん》とも思《おも》っていなかったことまで気《き》になりだします。

はだの色《いろ》や顔《かお》の形《かたち》、体毛《たいもう》などは生《う》まれつきのものです。それが「ふつう」とちがうと苦《くる》しんだり、差別《さべつ》を受《う》けたりする。「そんなのおかしい、ありのままの自分《じぶん》を良《よ》いと思《おも》おう」という考《かんが》え方《かた》をボディーポジティブといいます。ルッキズムとは反対《はんたい》のこうした考《かんが》え方《かた》が、日本《にほん》でも少《すこ》しずつ取《と》り入《い》れられています。

きょうのことば

ルッキズムと差別《さべつ》

何《なに》かを見《み》て「きれい」と感《かん》じることは自然《しぜん》なことですし、心《こころ》の中《なか》で「こういう外《がい》見《けん》はいやだ」と思《おも》っているだけでは差別《さべつ》になりません。差別《さべつ》とは、例《たと》えば「ふつう」とそれ以外《いがい》をわけ、ふつうでないことは「悪《わる》い」と考《かんが》えてだれかを笑《わら》ったり、のけ者《もの》にしたりすることです。

「見《み》た目《め》いじり」などは、冗談《じょうだん》のように言《い》った場合《ばあい》でも相手《あいて》を傷《きず》つけることがあります。ほめ言葉《ことば》もふくめ、見《み》た目《め》について何《なに》も言《い》うべきではないと考《かんが》える人《ひと》もいます。

アイヌ民族《みんぞく》の顔立《かおだ》ちをほめる人《ひと》もいます。でも、周《まわ》りとちがって目立《めだ》つことや見《み》た目《め》を話題《わだい》にされることが、いつもうれしいとはかぎりません。

それに、じつは見《み》た目《め》を話題《わだい》にする必要《ひつよう》はほとんどありません。

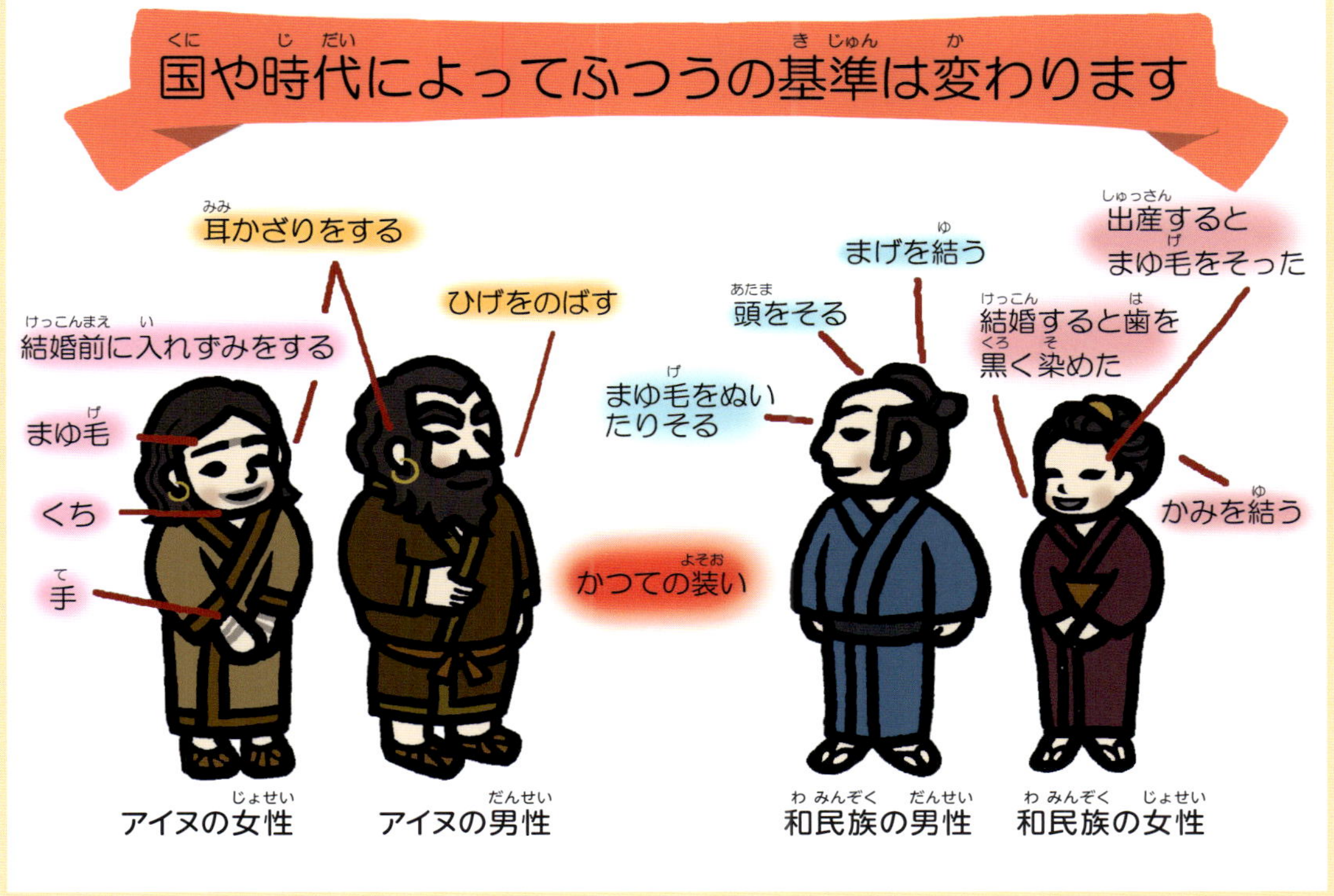

コンプレックスと企業《きぎょう》

「こういう見《み》た目《め》がいい」と言《い》われ続《つづ》けると、「そうじゃないと、はずかしい」という気持《きも》ちが芽生《めば》えます。化粧品《けしょうひん》やエステなどのサービスを売《う》る企業《きぎょう》のなかには、利益《りえき》をあげるために、人《ひと》びとのコンプレックスを強《つよ》める広告《こうこく》を出《だ》していると批判《ひはん》を受《う》けていることがあります。

反対《はんたい》に、さまざまなはだの色《いろ》に合《あ》わせた化粧品《けしょうひん》を作《つく》る、いろいろな体形《たいけい》のモデルを広告《こうこく》に出《だ》す、美《うつく》しさを自分《じぶん》で決《き》めることを応援《おうえん》するなど、ボディーポジティブに向《む》けた努力《どりょく》をしているメーカーもあります。アイヌ民族《みんぞく》の中《なか》にも、子《こ》どもが自分《じぶん》の体《からだ》に自信《じしん》を持《も》てるよう、体毛処理《たいもうしょり》をやめてありのままに過《す》ごす人《ひと》もいます。

虹《にじ》は多様性《たようせい》「フツウ」ってだれが決《き》めた？

札幌市《さっぽろし》では例年《れいねん》、9月《がつ》に「レインボープライド」という行事《ぎょうじ》が開《ひら》かれます。LGBTQ《エルジービーティーキュー》（性的少数者《せいてきしょうすうしゃ》）が、自分《じぶん》たちの存在《そんざい》を知《し》らせることで、社会《しゃかい》を変《か》えようとするものです。

レインボー（虹《にじ》）は、社会《しゃかい》の少数派《しょうすうは》のシンボルとしてしばしば使《つか》われます。世《よ》の中《なか》は多数派《たすうは》の暮《く》らし方《かた》が「フツウ」になっていて、少数派《しょうすうは》の人《ひと》たちが思《おも》うように暮《く》らす権利《けんり》は忘《わす》れられがちです。でも、自分《じぶん》は「フツウ（ほかの人《ひと》と同《おな》じ）」だと思《おも》っている人《ひと》も、本当《ほんとう》は虹《にじ》の色《いろ》のようにみんなちがって、ゆるやかにとなり合《あ》っているとも言《い》えます。そのことを伝《つた》えるのに、虹《にじ》はピッタリです。

虹《にじ》は美《うつく》しいもの「神々《かみがみ》のわたる橋《はし》」

アイヌ語《ご》では虹《にじ》をラオチやラヨチといいます。虹《にじ》は美《うつく》しいもの、「神々《かみがみ》のわたる橋《はし》」とされてきました。しかし同時《どうじ》に、不吉《ふきつ》なものだから見《み》たり指《ゆび》さししたりしてはいけない、とも言《い》われました。同《おな》じような考《かんが》え方《かた》は、アジアを中心《ちゅうしん》にアフリカやヨーロッパ、アメリカにもあります。

アイヌのある言《い》い伝《つた》えでは、虹《にじ》はもともと女性神《じょせいしん》でした。しかし、女性《じょせい》に期待《きたい》される「ふるまい」をしなかったために地底《ちてい》に落《お》ち、魔物《まもの》にされてしまったと言《い》われています。

こんなふうに、古《ふる》いお話《はなし》の中《なか》でだれかが「ばつ」を受《う》けるとき、よく考《かんが》えると何《なに》が悪《わる》いのか分《わ》からない、ということはめずらしくありません。先《さき》ほどの言《い》い伝《つた》えでも、きれいなものを身《み》につけたり、恋《こい》に積極的《せっきょくてき》だったりしたのがいけなかったとされています。その決《き》まり、だれが決《き》めたのでしょうか？

そう考《かんが》えると、虹《にじ》になった女性神《じょせいしん》は「こうあるべき」という一方的《いっぽうてき》な決《き》めつけから、はみ出《で》たと言《い》うこともできます。「フツウ」にしばられない生《い》き方《かた》のシンボルとして、虹《にじ》ほどふさわしいものはないように思《おも》えてきませんか。

文化《ぶんか》はだれのもの 歴史《れきし》知《し》って使《つか》う

※ 狸小路《たぬきこうじ》は札幌市中央区《さっぽろしちゅうおうく》にあるアーケード街《がい》

ここ数年《すうねん》、街《まち》でアイヌ文様《もんよう》を見《み》かけることが増《ふ》えました。文様《もんよう》だけでなく、和民族《わみんぞく》が作《つく》った施設《しせつ》や商品《しょうひん》の名前《なまえ》にアイヌ語《ご》が使《つか》われることもありますね。

文化《ぶんか》が知《し》られるのは、アイヌ民族《みんぞく》もうれしい。でも、デザインが適当《てきとう》だったり勝手《かって》に売《う》り物《もの》にされたりすると「文化《ぶんか》をぬすまれた」と感《かん》じることがあります。そこで、和民族《わみんぞく》がアイヌ文様《もんよう》を使《つか》う場合《ばあい》のルールが必要《ひつよう》だ、という声《こえ》も上《あ》がっています。

文化《ぶんか》はだれのものかと考《かんが》えてみると、簡単《かんたん》には答《こた》えがでませんし、日本《にほん》ではあまり話題《わだい》になりません。けれども、アメリカで「キモノ」と名付《なづ》けた下着《したぎ》が売《う》り出《だ》されたときは、反発《はんぱつ》が起《お》きました。和民族《わみんぞく》にも、たしかに「自分《じぶん》たちの文化《ぶんか》を守《まも》りたい」という感覚《かんかく》があるのです。

「ジンギスカン」の由来《ゆらい》は？　勝手《かって》に借《か》りて使《つか》うとわだかまりも

北海道《ほっかいどう》の味《あじ》「ジンギスカン」はどうでしょう。戦前《せんぜん》に、札幌農学校《さっぽろのうがっこう》（今《いま》の北海道大学《ほっかいどうだいがく》）出身《しゅっしん》の駒井徳三《こまいとくぞう》が名付《なづ》けたとされますが、モンゴルでは羊料理《ひつじりょうり》をジンギスカンとは呼《よ》びません。それは皇帝《こうてい》の名前《なまえ》だからです。日本《にほん》に住《す》むモンゴル人《じん》の中《なか》には、皇帝《こうてい》の名前《なまえ》を勝手《かって》に料理名《りょうりめい》に使《つか》われるのはうれしくない人《ひと》もいます。

それだけでなく昔《むかし》の日本《にほん》では、「源 義経《みなもとのよしつね》という武士《ぶし》が北海道《ほっかいどう》でアイヌの神《かみ》になり、モンゴルに行《い》って皇帝《こうてい》ジンギスカンになった」と言《い》う話《はなし》をひろめていました。これは、他《ほか》の民族《みんぞく》の神話《しんわ》や歴史《れきし》を都合良《つごうよ》く借《か》りた話《はなし》です。

差別《さべつ》や支配《しはい》をされてきた人《ひと》びとの文化《ぶんか》を、差別《さべつ》してきた側《がわ》が「かっこいいから」と気軽《きがる》に借《か》りてしまうと、大《おお》きなわだかまりが生《う》まれます。

文化《ぶんか》を借《か》りることがすべて悪《わる》いわけではありません。ただ、おたがいに親《した》しく感《かん》じているか、おたがいの歴《れき》史《し》や文化《ぶんか》の意味《いみ》をよく知《し》っているかは、とても大切《たいせつ》です。アイヌ文化《ぶんか》を取《と》り入《い》れた物《もの》づくりに、アイヌ民族《みんぞく》が助言《じょげん》する取《と》り組《く》みも始《はじ》まっています。

「らしさ」は社会《しゃかい》とともに昔《むかし》からあったジェンダーレス

みなさん、ゲームは好《す》きですか？　ゲームの中《なか》では、プレーヤーが自分《じぶん》の分身《ぶんしん》となるキャラクターの性別《せいべつ》を自由《じゆう》に選《えら》び、好《す》きな服装《ふくそう》をさせて遊《あそ》ぶことがよくあります。現実《げんじつ》でも「女《おんな》らしさ」「男《おとこ》らしさ」からはなれ、「ジェンダーレス」な装《よそお》いが少《すこ》しずつ広《ひろ》がっていますね。

生《う》まれた時《とき》に病院《びょういん》で決《き》められた性別《せいべつ》とはちがう性別《せいべつ》の服《ふく》装《そう》や髪形《かみがた》などにすることを「異性装《いせいそう》」と言《い》います。東京《とうきょう》の渋谷区立松濤美術館《しぶやくりつしょうとうびじゅつかん》で2022年《ねん》9月《がつ》から10月《がつ》まで開催《かいさい》した展覧会《てんらんかい》「装《よそお》いの力《ちから》―異性装《いせいそう》の日本史《にほんし》」は、和民族文化《わみんぞくぶんか》をさかのぼって、異性装《いせいそう》の歴史《れきし》をしょうかいしています。

伝統芸能《でんとうげいのう》の歌舞伎《かぶき》は、役者《やくしゃ》がみんな男性《だんせい》なのを知《し》っていますか。女性《じょせい》の役《やく》も、女性《じょせい》の化粧《けしょう》をし女性《じょせい》の着物《きもの》を着《き》た男《だん》性《せい》が演《えん》じます。４００年前《ねんまえ》、歌舞伎《かぶき》が生《う》まれたころは、逆《ぎゃく》に全《すべ》て女性《じょせい》が演《えん》じる「女歌舞伎《おんなかぶき》」もありました。

もっと昔《むかし》、神話《しんわ》の中《なか》では、男装《だんそう》して戦《たたか》った神功皇后《じんぐうこうごう》や、女装《じょそう》して戦《たたか》ったヤマトタケルが活躍《かつやく》します。ヤマトタケルの話《はなし》から、ユカㇻ（英雄物語《えいゆうものがたり》）の一《ひと》つを思《おも》い出《だ》します。旭《あさひ》川《かわ》に伝《つた》わるユカㇻには、主人公《しゅじんこう》の少年《しょうねん》ポイヤンペが敵《てき》の城《しろ》にのりこむときに、女性《じょせい》の着物《きもの》を着《き》て、相手《あいて》を油断《ゆだん》させる話《はなし》があります。

アイヌの物語《ものがたり》と異性装《いせいそう》ヨーロッパ風《ふう》の考《かんが》えまねた日本《にほん》

また、日高《ひだか》の平取町《びらとりちょう》の昔話《むかしばなし》には、かりをする女性《じょせい》が登場《とうじょう》します。この女性《じょせい》は、もろはだぬぎの姿《すがた》でかりをします。これも、動《うご》きやすいように、男性《だんせい》のような姿《すがた》になった、と言《い》えそうです（女性《じょせい》はふつう、はだを人《ひと》に見《み》せません）。

昔《むかし》の和民族文化《わみんぞくぶんか》では男性《だんせい》も化粧《けしょう》をしていましたが、明治《めいじ》時代《じだい》になると、男女《だんじょ》をはっきり分《わ》けるヨーロッパ風《ふう》の考《かんが》え方《かた》をまねるようになりました。こうして見《み》ると、ジェンダーレスな文化《ぶんか》は昔《むかし》からあったのですね。

きょうのことば

ユカㇻ

アイヌ民族《みんぞく》が伝《つた》えてきた、長《なが》い長《なが》い英雄《えいゆう》の物語《ものがたり》です。主《おも》に北海道《ほっかいどう》の西《にし》の方《ほう》ではユカㇻ、東《ひがし》の方《ほう》ではサコㇿペ、樺太《からふと》（サハリン）ではハウキと言《い》います。よく知《し》られた話《はなし》では、ポンヤンペやポイヤウンペ、オタストゥンクルと呼《よ》ばれる幼《おさな》い少年《しょうねん》が登場《とうじょう》し、大人《おとな》や神様《かみさま》たちを相手《あいて》に大迫力《だいはくりょく》のバトルをします。

主人公《しゅじんこう》の少年《しょうねん》は、聞《き》いている人《ひと》がおどろくような思《おも》いがけない行動《こうどう》をすることがよくあります。今回《こんかい》しょうかいした話《はなし》では、あちこちの村《むら》のつわものがたくさん集《あつ》まって酒《さけ》を飲《の》みながら、みんなでポンヤンペ一人《ひとり》をおそう相談《そうだん》をします。

それを知《し》ったポンヤンペは、反対《はんたい》に自分《じぶん》からのりこんでやっつけます。相手《あいて》の城《しろ》に飛《と》びこむとき、女性《じょせい》の着物《きもの》を着《き》て油断《ゆだん》させたのでした。

「女性《じょせい》らしさ」も時代《じだい》や文化《ぶんか》によって変《か》わるよ

和民族《わみんぞく》
昔《むかし》は立《た》てひざだったけど今《いま》は正座《せいざ》

韓国人《かんこくじん》
昔《むかし》も今《いま》も立《た》てひざが正式《せいしき》

アイヌ民族《みんぞく》
昔《むかし》は立《た》てひざだったけど今《いま》は正座《せいざ》

女《おんな》らしさ／男《おとこ》らしさ

「ジェンダーレス」のジェンダーとは、社会《しゃかい》の中《なか》でつくられた「女《おんな》らしさ／男《おとこ》らしさ」といった考《かんが》え方《かた》のことです。

女《おんな》らしさや男《おとこ》らしさは、生《う》まれつき持《も》っているような気《き》がします。実《じつ》はそれは、まわりの人《ひと》から「こうした方《ほう》が女《おんな》らしいよ／男《おとこ》らしいよ」と教《おし》えられて、いつの間《ま》にか身《み》につくものなのです。

アイヌ民族《みんぞく》がかりをしていたころの文化《ぶんか》では、かりは男性《だんせい》がすること、山菜《さんさい》採《と》りと畑仕事《はたけしごと》、家事《かじ》は女性《じょせい》がすることとされました。

ジェンダーの考《かんが》え方《かた》は、時代《じだい》によっても変《か》わります。今《いま》では女性《じょせい》が身《み》につけるハイヒールやスカートも、男《おとこ》らしさを表《あらわ》すと考《かんが》えられていた時代《じだい》があるんですよ。

動画《どうが》で楽《たの》しむアイヌ語《ご》
自然《しぜん》、料理《りょうり》、手仕事《てしごと》…楽《たの》しく解説《かいせつ》

みなさんは動画《どうが》を見《み》て楽《たの》しんだり、勉強《べんきょう》したりすることも多《おお》いと思《おも》います。アイヌ語《ご》にふれられる動画《どうが》もたくさんあることは、知《し》っていましたか。

アイヌ民族文化財団《みんぞくぶんかざいだん》の「アイヌ語動画講座《ごどうがこうざ》」シリーズもその一《ひと》つ。楽《たの》しみながらアイヌ語《ご》に親《した》しんでもらおうと、たくさんの出演者《しゅつえんしゃ》が、思《おも》い思《おも》いの方法《ほうほう》でアイヌ語《ご》を伝《つた》えています。新作《しんさく》から、いくつかをしょうかいしましょう。

私《わたし》（北原《きたはら》）のイチオシは、植物《しょくぶつ》や動物《どうぶつ》のことをよく知《し》っている北海道《ほっかいどう》アイヌのアチャ（おじさん）が、自然《しぜん》のなかで言葉《ことば》や文化《ぶんか》を解説《かいせつ》する「アイヌ語自然講座《ごしぜんこうざ》」。新作《しんさく》では山菜《さんさい》を料理《りょうり》しながら、名前《なまえ》や食《た》べ方《かた》を教《おし》えてくれます。

「アイヌ語料理講座《ごりょうりこうざ》」は、今年初《ことしはじ》めて作《つく》られました。海《うみ》

の食材《しょくざい》を使《つか》った、日高《ひだか》の様似町《さまにちょう》の料理《りょうり》を学《まな》べます。棒《ぼう》だらやワカメのヤマウ（冷《つめ》たいスープ）は夏《なつ》にぴったりで、私《わたし》も大好《だいす》きです。

各地《かくち》の博物館案内《はくぶつかんあんない》する動画《どうが》 子《こ》ども用《よう》など毎年《まいとし》24本《ほん》の新作《しんさく》

日高《ひだか》の平取町《びらとりちょう》や、胆振《いぶり》の白老町《しらおいちょう》の博物館《はくぶつかん》を案内《あんない》する動画《どうが》もあります。昔《むかし》の道具《どうぐ》の使《つか》い方《かた》や、施設《しせつ》の案内表示《あんないひょうじ》のために新《あたら》しく作《つく》られたアイヌ語《ご》のいろいろ、そこで働《はたら》く人《ひと》たちの仕事《しごと》を見《み》ることができます。アイヌ語《ご》をくわしく知《し》りたい人《ひと》には、博物館《はくぶつかん》の人《ひと》たちがアイヌ語《ご》の人形劇《にんぎょうげき》で「3びきのこぶた」や「浦島太郎《うらしまたろう》」を見《み》せてくれる動画《どうが》がおすすめです。

小学生《しょうがくせい》も出演《しゅつえん》していますよ。「子《こ》どもアイヌ語教室《ごきょうしつ》」で体《からだ》を動《うご》かしながらアイヌ語《ご》の発音《はつおん》やリズムをおぼえたり、「紙芝居《かみしばい》」で海《うみ》の生《い》き物《もの》をしょうかいしたり。「ラプㇱチェㇷ゚」ってどんな生《い》き物《もの》だと思《おも》いますか。私《わたし》もこの動画《どうが》で初《はじ》めて知《し》りました。

このシリーズは毎年《まいとし》、24本《ほん》ほどの新作《しんさく》が作《つく》られ、これまでにたくさんの動画《どうが》がアップされています。昔話《むかしばなし》や歌《うた》の動画《どうが》もありますので、財団《ざいだん》のホームページで探《さが》してみてください。

きょうのことば

アイヌ語《ご》

109ページから始《はじ》まる「イペアンロー！」のコーナーにも、ときどきアイヌ語《ご》が出《で》てきます。アイヌ語《ご》と日《に》本語《ほんご》には、いろいろなちがいがあります。

たとえば、北海道《ほっかいどう》のアイヌ語《ご》では、鳥《とり》をチカㇷ゚といいます。ことばの形《かたち》が全《まった》くちがいますね。小《ちい》さい「ㇷ゚」のように、読《よ》み方《かた》や書《か》き方《かた》もちがいます。また、鳥《とり》が飛《と》ぶことはホプニ、たくさんの鳥《とり》が飛《と》ぶことはホプンパと言《い》うなど、日本語《にほんご》とは別《べつ》のルールもあります。

アイヌ語《ご》は、明治時代《めいじじだい》になると、和民族《わみんぞく》の政府《せいふ》がつくった制度《せいど》や差別《さべつ》のために使《つか》うことができなくなりました。アイヌ語《ご》を使《つか》うと、しかる先生《せんせい》もいたので、大人《おとな》でもアイヌ語《ご》を知《し》っている人《ひと》はとても少《すく》ないですし、教科書《きょうかしょ》にも書《か》いていません。

そこで、今《いま》は、学校《がっこう》でも使《つか》える教材《きょうざい》や動画《どうが》が配信《はいしん》されています。

アイヌ語《ご》と日本語《にほんご》の字幕付《じまくつ》き。字幕《じまく》なしの動画《どうが》もあります。

動画《どうが》での勉強《べんきょう》

動画《どうが》を使《つか》った勉強《べんきょう》には、良《よ》いことがたくさんあります。

「シㇼカㇷ゚（魚《さかな》のカジキ）」の「ㇼ」「ㇷ゚」といったアイヌ語《ご》を表《あらわ》す文字《もじ》が読《よ》めなくても、動画《どうが》なら音《おと》が分《わ》かります。会話《かいわ》のしかたを場面《ばめん》といっしょにおぼえたり、めずらしい道具《どうぐ》を見《み》ながら、道具《どうぐ》について知《し》ったりすることもできます。

たとえば、アイヌ語自然講座《ごしぜんこうざ》には、鳥《とり》をつかまえるワナなどをしょうかいした動画《どうが》もありますよ（鳥《とり》の人形《にんぎょう》を使《つか》って説明《せつめい》しています）。

ふだんはニックネーム 本名《ほんみょう》 簡単《かんたん》に教《おし》えない

胆振《いぶり》の白老町《しらおいちょう》にあり、アイヌ文化《ぶんか》の拠点《きょてん》となる「民族共生象徴空間《みんぞくきょうせいしょうちょうくうかん》（ウポポイ）」がオープンして4年《ねん》あまり。ここではユニークな取《と》り組《く》みをたくさんしています。例《たと》えば、外国人《がいこくじん》もふくめたスタッフがアイヌ語《ご》のニックネームを持《も》っているんですよ。

アイヌ語《ご》の名前《なまえ》にはいくつか決《き》まりがあります。今《いま》から100年以上前《ねんいじょうまえ》、明治《めいじ》のころは生《う》まれてからすぐには名前《なまえ》を付《つ》けず、数年間《すうねんかん》は単《たん》に「赤《あか》ちゃん」などと呼《よ》びました。5歳《さい》くらいになると、親《おや》の願《ねが》いをこめたり、その子《こ》の特徴《とくちょう》や性格《せいかく》を表《あらわ》したりした名前《なまえ》を付《つ》けます。

十勝《とかち》に「小《ちい》さい口《くち》を取《と》る」という名前《なまえ》の男性《だんせい》がいました。小《ちい》さい口《くち》とは「短《みじか》い言葉《ことば》」の例《たと》えのようです。頭《あたま》の良《よ》い人《ひと》で、少《すこ》し説明《せつめい》を聞《き》けば、あっという間《ま》に理解《りかい》したので、この名前《なまえ》になったそうです。とても良《よ》い名《な》前《まえ》ですね。しかし、人《ひと》と同《おな》じ名前《なまえ》を使《つか》えない決《き》まりもあったので、いくら良《よ》い名前《なまえ》でも、その名前《なまえ》をもらって付《つ》けることはできませんでした。

こうして付《つ》けられた名前《なまえ》は大切《たいせつ》なもので、簡単《かんたん》には人《ひと》に教《おし》えません。ふだんはポンレ（小《ちい》さい名前《なまえ》）と呼《よ》ばれるニックネームを使《つか》います。

名前《なまえ》は人《ひと》の運命《うんめい》と結《むす》びつく？人《ひと》と同《おな》じ名前《なまえ》使《つか》わないルールも

このルールでは、子供《こども》が成長《せいちょう》すると、呼《よ》び方《かた》が変《か》わることになります。中国《ちゅうごく》や日本《にほん》でも、昔《むかし》は成長《せいちょう》すると名前《なまえ》を変《か》えることがありました。大人《おとな》は、本当《ほんとう》の名前《なまえ》の代《か》わりに「あざな」と呼《よ》ばれる別名《べつめい》を使《つか》う習慣《しゅうかん》もありました。人《ひと》と同《おな》じ名前《なまえ》を使《つか》わないルールは、中国《ちゅうごく》にもあります。なぜかというと、名前《なまえ》は人《ひと》の運命《うんめい》と結《むす》びついていると考《かんが》えられてきたからなのです。

ウポポイでは、アイヌ語《ご》をどんどん使《つか》っていこうとしています。そこで、アイヌ民族《みんぞく》だけでなく、和民族《わみんぞく》もほかの民族《みんぞく》もアイヌ語《ご》のポンレを使《つか》っています。ウポポイに行《い》ったらスタッフにぜひポンレを聞《き》いてみて下《くだ》さいね。

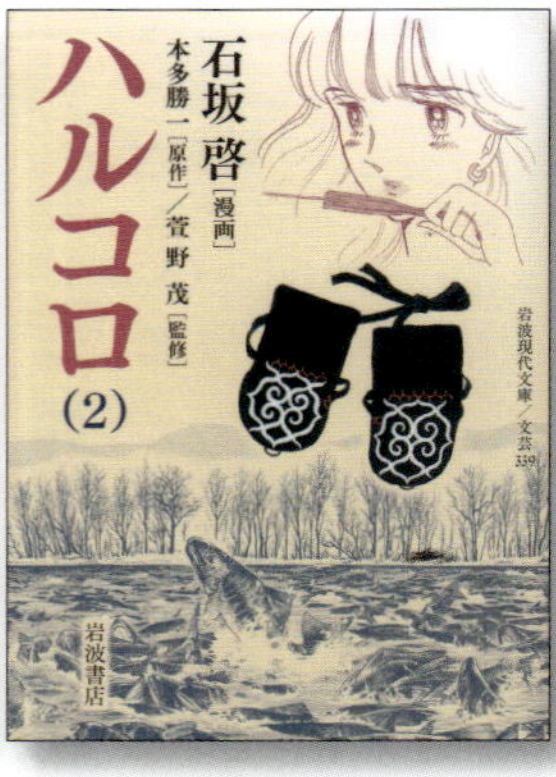

ハルコロ（1）（2）

石坂《いしざか》　啓《けい》・まんが
本多勝一《ほんだかついち》・原作《げんさく》
萱野《かやの》　茂《しげる》・監修《かんしゅう》

　このまんがは「食《た》べものに困《こま》らないように」という願《ねが》いをこめて「ハルコロ」（たべものを持《も》つ）と名《な》づけられた女《おんな》の子《こ》が、恋《こい》をして、結婚《けっこん》して子《こ》どもを産《う》み、その子《こ》どもが成長《せいちょう》して旅立《たびだ》つまでが物語《ものがたり》の中心《ちゅうしん》です。

　舞台《ぶたい》は１４００年《ねん》ごろのこと。日本《にほん》の歴史《れきし》では室町時代《むろまちじだい》にあたりますが、ハルコロは日本《にほん》の文化《ぶんか》とははっきりとちがうアイヌ文化《ぶんか》の中《なか》を生《い》きています。それを絵《え》にするのに、作者《さくしゃ》はたくさんのことを調《しら》べたはずです。ハルコロの心《こころ》の動《うご》きも、ていねいにえがかれています。

　ハルコロが物語《ものがたり》のなかで「私《わたし》の青春《せいしゅん》」と言《い》う場面《ばめん》があります。「青春《せいしゅん》」は日本語《にほんご》の辞書《じしょ》に「希望《きぼう》を持《も》ち、理想《りそう》にあこがれる時期《じき》」とあります。人《ひと》が人《ひと》に恋《こい》する時期《じき》でもありますが、そのようなテーマは、それまでのアイヌの物語《ものがたり》には、あまり見《み》られなかったでしょう。

　でも、このまんがではアイヌの少女《しょうじょ》の口《くち》から、この言葉《ことば》が自然《しぜん》と出《で》ていて、とてもすてきです。孫《まご》はおばあちゃんにあまえ、お姉《ねえ》ちゃんは妹《いもうと》にちょっといばっている。人《ひと》の心《こころ》の動《うご》きは、民族《みんぞく》がちがっても同《おな》じ。作者《さくしゃ》がそこに立《た》って、このまんがをえがいているのがわかります。

（２０２１年《ねん》、岩波現代文庫《いわなみげんだいぶんこ》　各《かく》１４３０円《えん》）

第《だい》4章《しょう》

歴《れき》史《し》

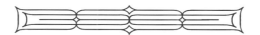

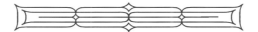

知里幸恵《ちりゆきえ》が生《う》まれて120年《ねん》「かわいそう」で終《お》わらないで

アイヌ民族《みんぞく》の女性《じょせい》で、アイヌの先祖《せんぞ》や仲間《なかま》たちが大切《たいせつ》にしてきた物語《ものがたり》を伝《つた》えた知里幸恵《ちりゆきえ》。2023年《ねん》は彼女《かのじょ》が生《う》まれてから120年《ねん》の節目《ふしめ》でした。幸恵《ゆきえ》がまとめた「アイヌ神謡集《しんようしゅう》」という本《ほん》も出版《しゅっぱん》されて100年《ねん》たちました。それらを記念《きねん》して映画《えいが》が作《つく》られたり、漫画《まんが》がかかれたりしています。

いまのアイヌの暮《く》らしぶり知《し》られぬまま 間違《まちが》った情報《じょうほう》流《なが》れることも

そうした作品《さくひん》では、幸恵《ゆきえ》をモデルにした女性《じょせい》を和民族《わみんぞく》が差別《さべつ》する「かわいそう」なシーンが続《つづ》きます。この「かわいそう」には注意《ちゅうい》が必要《ひつよう》です。例《たと》えば、「アイヌ神謡集《しんようしゅう》」の最初《さいしょ》の部分《ぶぶん》で、幸恵《ゆきえ》はアイヌ民族《みんぞく》の言葉《ことば》が失《うしな》われ、暮《く》らしも苦《くる》しくなったことを悲《かな》しんでいます。その文章《ぶんしょう》は胸《むね》を打《う》つものです。でも、「かわいそう」で終《お》わってしまうと、人《ひと》びとを困《こま》らせている世《よ》の中《なか》のしくみがそのままになります。

幸恵《ゆきえ》をしょうかいする作品《さくひん》が増《ふ》えても、いまのアイヌの暮《く》らしぶりを知《し》る人《ひと》はあまり増《ふ》えません。それどころかアイヌについては、「どんどん少《すく》なくなっている」とか「和民族《わみんぞく》がほろぼしてしまった」などと、間違《まちが》った情報《じょうほう》が流《なが》されてしまうことさえあります。

誤解《ごかい》される理由《りゆう》の一《ひと》つは、生活《せいかつ》スタイルの変化《へんか》かもしれません。昔《むかし》のように、毎日《まいにち》、民族衣装《みんぞくいしょう》を着《き》ているアイヌ民族《みんぞく》は、着物《きもの》を着《き》て暮《く》らしている和民族《わみんぞく》よりずっと少《すく》ないでしょう。いまではアイヌ民族《みんぞく》も和民族《わみんぞく》も洋服《ようふく》で過《す》ごす人《ひと》が多《おお》く、ゲームや新《あたら》しいファッションも楽《たの》しみます。

北海道《ほっかいどう》などの調査《ちょうさ》からは、本州《ほんしゅう》にも多《おお》くのアイヌが暮《く》らしていることが分《わ》かります。ただ、差別《さべつ》をおそれてアイヌだということを周《まわ》りに伝《つた》えられない人《ひと》や、自分《じぶん》のルーツを知《し》らない人《ひと》もいます。

幸恵《ゆきえ》をえがいた作品《さくひん》に出合《であ》ったら、「かわいそう」で終《お》わらせず、ほこりや言葉《ことば》をうばわれている悲《かな》しみがいまの時代《じだい》でどうしたら消《き》えるか、まわりの人《ひと》と話《はな》しあってみましょう。

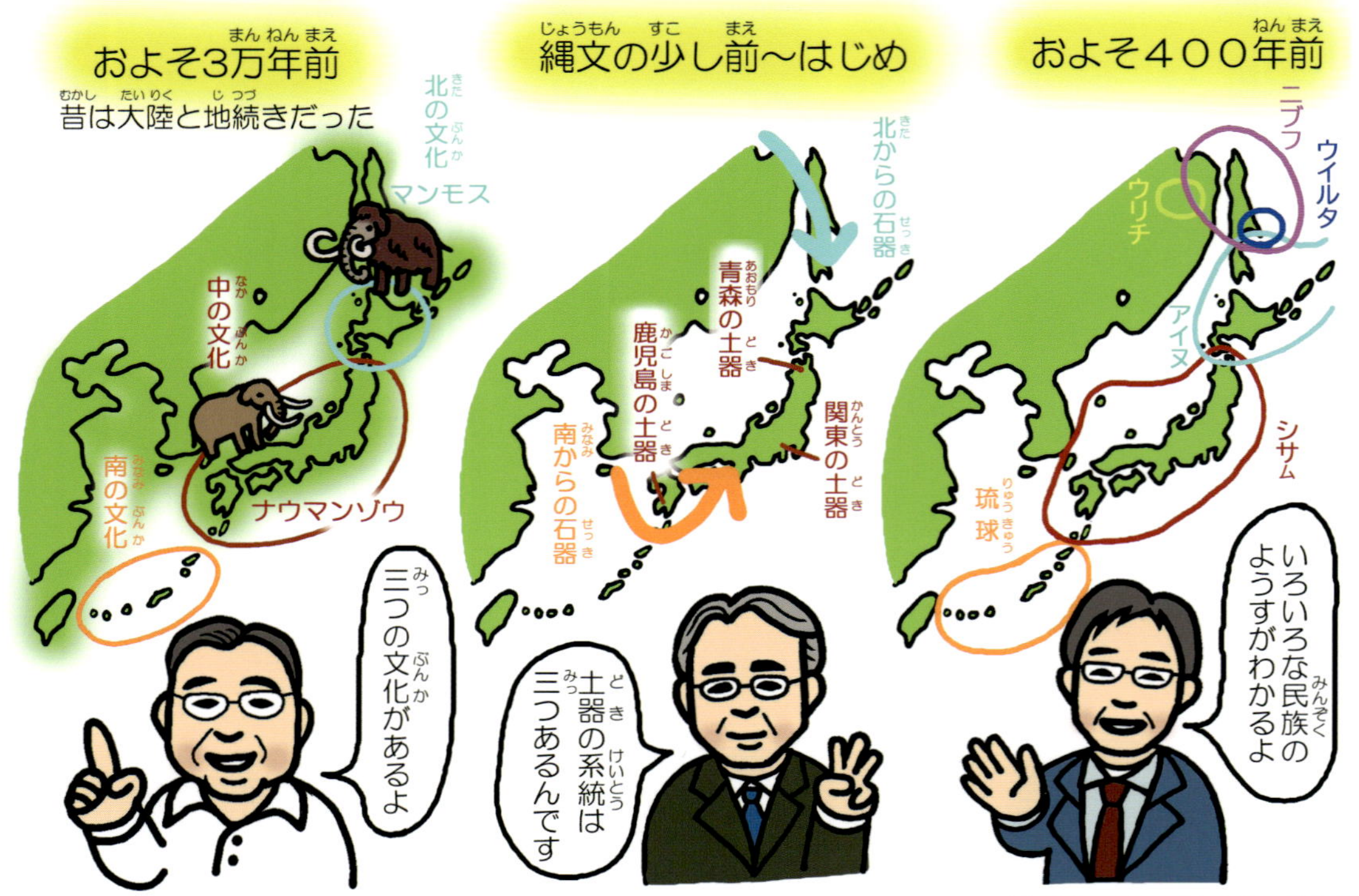

変《か》わる文化《ぶんか》のかたち

つながるアイヌの歴史《れきし》

「縄文文化《じょうもんぶんか》」って聞《き》いたことがありますか？　大昔《おおむかし》に日《に》本列島《ほんれっとう》に広《ひろ》まっていた暮《く》らしのことで、かりをしたり、土《ど》器《き》を作《つく》って使《つか》ったりしていました。北海道《ほっかいどう》と、青森《あおもり》など北《きた》東北《とうほく》の3県《けん》で見《み》つかった遺跡《いせき》は、2021年《ねん》に世界文化遺《せかいぶんかい》産《さん》になりました。

すると「これってアイヌ民族《みんぞく》と和民族《わみんぞく》、どっちの遺跡《いせき》なの？」という質問《しつもん》が増《ふ》えました。研究者《けんきゅうしゃ》たちは「北海道《ほっかいどう》と東北《とうほく》の縄文遺跡《じょうもんいせき》をのこした人《ひと》の子孫《しそん》がアイヌ民族《みんぞく》だろう」と考《かんが》えています。

日本《にほん》などの「国《くに》」や、和民族《わみんぞく》やアイヌ民族《みんぞく》などの「民族《みんぞく》」をチームと考《かんが》えてみましょう。チームの数《かず》やメンバーは、時《じ》代《だい》によって変《か》わります。

アイヌ民族《みんぞく》の歴史《れきし》 「石器《せっき》」時代《じだい》から説明《せつめい》
文化《ぶんか》の広《ひろ》がり 土器《どき》からも判明《はんめい》

そこで、博物館《はくぶつかん》などでは、国《くに》や民族《みんぞく》のようすが分《わ》からない時代《じだい》については「いつ、何《なに》があったか」を説明《せつめい》します。国《こく》立《りつ》アイヌ民族博物館《みんぞくはくぶつかん》（胆振《いぶり》）の白老町《しらおいちょう》では、アイヌ民族《みんぞく》につながる歴史《れきし》を、人《ひと》びとが石《いし》で作《つく》った道具《どうぐ》「石器《せっき》」を使《つか》っていた時代《じだい》から解説《かいせつ》しています。そのころは海《うみ》が今《いま》より浅《あさ》く、日本列島《にほんれっとう》と大陸《たいりく》はところどころ地続《じつづ》きでした。北《きた》と南《みなみ》からマンモスなどの大《おお》きな動物《どうぶつ》や人間《にんげん》がやってきて、北海《ほっかい》道《どう》などの「北《きた》の文化《ぶんか》」、本州《ほんしゅう》などの「中《なか》の文化《ぶんか》」、沖縄《おきなわ》などの「南《みなみ》の文化《ぶんか》」が作《つく》られてきたといいます。北海道《ほっかいどう》ではシベリアから伝《つた》わった石器《せっき》がよく使《つか》われました。

今《いま》から約《やく》1万《まん》4千年前《せんねんまえ》には北海道《ほっかいどう》でも土器《どき》が作《つく》られ始《はじ》め、だんだん広《ひろ》まりました。日本列島《にほんれっとう》の土器《どき》には大《おお》きく三《みっ》つのタイプがあります。縄文文化《じょうもんぶんか》と呼《よ》ばれているものにも土地《とち》ごとに特色《とくしょく》があり、暮《く》らしや言葉《ことば》もちがったでしょう。

国《くに》ができる前《まえ》、人《ひと》びとは自由《じゆう》に行《い》き来《き》していたので、日《に》本列島《ほんれっとう》の北《きた》の方《ほう》ではサハリン、西《にし》の方《ほう》では朝鮮半島《ちょうせんはんとう》と同《おな》じ文化《ぶんか》が広《ひろ》まった時代《じだい》もあります。やがて、今《いま》から400年《ねん》ほど前《まえ》、江戸時代《えどじだい》の初《はじ》めごろまでには、現在《げんざい》につながる民《みん》族《ぞく》の広《ひろ》がりが、かなりハッキリしてくるのです。

きょうのことば

アイヌ文化期《ぶんかき》

次《じ》ページの表《ひょう》は、社会《しゃかい》の変化《へんか》によって歴史《れきし》を区切《くぎ》った「年表《ねんぴょう》」です。本州《ほんしゅう》でいう鎌倉時代《かまくらじだい》から江戸時代《えどじだい》にかけて「アイヌ文化期《ぶんかき》」とあります。北海道《ほっかいどう》ではこの時期《じき》に土器《どき》を作《つく》るのをやめ、家《いえ》のつくりも大《おお》きく変《か》わって、江戸時代《えどじだい》のアイヌ民族《みんぞく》の暮《く》らしと近《ちか》くなったので、考古学《こうこがく》ではこう呼《よ》ぶことにしました。

けれども、時代《じだい》の名前《なまえ》に民族名《みんぞくめい》があったりなかったりすると、アイヌ民族《みんぞく》と書《か》いていない時代《じだい》にはアイヌがいなかったように見《み》えますし、アイヌ文化期《ぶんかき》が終《お》わるとアイヌ民族《みんぞく》もいなくなったように誤解《ごかい》されるおそれもあります。

身《み》なりや家《いえ》のつくりが変《か》わっても、アイヌ民族《みんぞく》の暮《く》らしが続《つづ》いていることが分《わ》かる年表《ねんぴょう》にしようと言《い》う研《けん》究者《きゅうしゃ》もいます。

国立《こくりつ》アイヌ民族博物館《みんぞくはくぶつかん》の展示《てんじ》もそのような考《かんが》えからできています。

先住民族《せんじゅうみんぞく》

大正時代《たいしょうじだい》のころまでは「石器《せっき》や土器《どき》を作《つく》ったのはアイヌ民族《みんぞく》で、和民族《わみんぞく》の祖先《そせん》は後《あと》になって朝鮮半島《ちょうせんはんとう》などから日本《にほん》にわたってきた」と考《かんが》えられていました。そこで、アイヌ民族《みんぞく》を、和民《わみん》族《ぞく》の前《まえ》にいたという意味《いみ》で「先住民族《せんじゅうみんぞく》」と呼《よ》びました。

今《いま》はこれとは別《べつ》に、国際的《こくさいてき》なルールにそって、日本国《にほんこく》が北海道《ほっかいどう》を領土《りょうど》とする前《まえ》から住《す》んでいた、という意味《いみ》で使《つか》っています。

日本列島《にほんれっとう》の時代区分《じだいくぶん》

本州《ほんしゅう》	北海道《ほっかいどう》	
旧石器《きゅうせっき》	旧石器《きゅうせっき》	
縄文《じょうもん》	縄文《じょうもん》	
弥生《やよい》	続縄文《ぞくじょうもん》	
古墳《こふん》		
飛鳥《あすか》		オホーツク文化期《ぶんかき》
奈良《なら》	擦文《さつもん》	
平安《へいあん》		
鎌倉《かまくら》	中世《ちゅうせい》	アイヌ文化期《ぶんかき》
室町《むろまち》		
江戸《えど》	近世《きんせい》	
近代《きんだい》・現代《げんだい》	近代《きんだい》・現代《げんだい》	

明治時代《めいじじだい》よりも前《まえ》は名字《みょうじ》を持《も》つ和民族《わみんぞく》の庶民《しょみん》は少《すく》なかった。アイヌ民族《みんぞく》には元々《もともと》名字《みょうじ》が無《な》く、戸籍法《こせきほう》が作《つく》られ定着《ていちゃく》するまで夫婦別姓《ふうふべっせい》も多《おお》くいた

夫婦別姓《ふうふべっせい》
結婚《けっこん》後《ご》も名字《みょうじ》を自由《じゆう》に選択《せんたく》

「夫婦別姓《ふうふべっせい》」という言葉《ことば》を、ニュースでよく見聞《みき》きするようになりましたね。今《いま》の日本《にほん》の法律《ほうりつ》では、結婚《けっこん》する女性《じょせい》か男性《だんせい》のどちらかの名字《みょうじ》にそろえることに決《き》まっていますが、結婚後《けっこんご》もそれぞれの名字《みょうじ》（姓《せい》）を使《つか》い続《つづ》けることです。

名字《みょうじ》が変《か》わるって、とても大《おお》きな出来事《できごと》ですよね。新《あたら》しい名前《なまえ》に慣《な》れない人《ひと》もいますし、営業《えいぎょう》の仕事《しごと》や、絵《え》や文章《ぶんしょう》をかくなど、人《ひと》に名前《なまえ》を覚《おぼ》えてもらうことが大切《たいせつ》な仕事《しごと》もあります。その名前《なまえ》でしてきた仕事《しごと》での信頼《しんらい》が次《つぎ》の仕事《しごと》につながるので、名字《みょうじ》が変《か》わると、ゼロから再《さい》スタートです。

それに、夫婦《ふうふ》になる女性《じょせい》と男性《だんせい》のどちらが名字《みょうじ》を変《か》えてもいいはずが、95％は女性《じょせい》が変《か》えるとか。「それが古《ふる》くからの伝統《でんとう》ならば」と思《おも》う人《ひと》が多《おお》いのかもしれませんが、法務《ほうむ》局《きょく》によれば、男女《だんじょ》どちらかの名字《みょうじ》にそろえる制度《せいど》ができたのは、1898年《ねん》（明治《めいじ》31年《ねん》）のこと。江戸時代《えどじだい》は一般《いっぱん》の人《ひと》は名字《みょうじ》を名乗《なの》れませんでした。そこで、「なぜ、別姓《べっせい》ではいけないの？」と思《おも》う人《ひと》が増《ふ》えてきました。

「家《いえ》」をつぐという感覚《かんかく》なし？ 別姓《べっせい》でも気《き》にならない

実《じつ》は、アイヌ民族《みんぞく》は日本式《にほんしき》の名字《みょうじ》を使《つか》うようになってからも、和民族《わみんぞく》と比《くら》べて夫婦別姓《ふうふべっせい》が多《おお》かったとも言《い》います。名字《みょうじ》は日本《にほん》の習慣《しゅうかん》ですし、アイヌ民族《みんぞく》は女性《じょせい》も男性《だんせい》もそれぞれ同性《どうせい》の先祖《せんぞ》とのつながりが大切《たいせつ》で、一《ひと》つの「家《いえ》」をつぐという感覚《かんかく》がなかったのかもしれません。

日本《にほん》では現在《げんざい》、アイヌ語《ご》の名前《なまえ》も、女性《じょせい》の名字《みょうじ》も、制度《せいど》の上《うえ》では選《えら》ぶことができますが、実際《じっさい》には自身《じしん》が希望《きぼう》する氏名《しめい》を自由《じゆう》に使《つか》えている人《ひと》はほんの少《すこ》しです。物事《ものごと》を自由《じゆう》に決《き》めるには、自分《じぶん》が何《なに》を選《えら》べるかを知《し》っていて、選《えら》ぶ力《ちから》があること、その人《ひと》が選《えら》んだことを他《ほか》の人《ひと》が尊重《そんちょう》することが大切《たいせつ》です。

アイヌ語名《ごめい》や結婚《けっこん》した夫婦《ふうふ》が女性側《じょせいがわ》の名字《みょうじ》を名乗《なの》ることは、世《よ》の中《なか》が認《みと》めてきませんでした。「自分《じぶん》の使《つか》いたい氏名《しめい》を使《つか》う」ことは自分《じぶん》らしい暮《く》らしの基本《きほん》です。これからは本当《ほんとう》の意味《いみ》で自由《じゆう》になるといいですね。

きょうのことば

戸籍法《こせきほう》

アイヌ民族《みんぞく》が日本語《にほんご》の名《みょう》字《じ》を持《も》つように決《き》められたのは、1871年《ねん》（明治《めいじ》4年《ねん》）に戸籍法《こせきほう》という法律《ほうりつ》が作《つく》られてから。この時《とき》、アイヌ民族《みんぞく》は日本国民《にほんこくみん》に組《く》みこまれました。元々《もともと》名字《みょうじ》の習《しゅう》慣《かん》がないので、アイヌ語名《ごめい》や地名《ちめい》をもとに、役所《やくしょ》が数《すう》年《ねん》かけて日本語《にほんご》の名字《みょうじ》を決《き》めました。

このころから日本国民《にほんこくみん》はみな和民族《わみんぞく》と同《おな》じになるべきだという考《かんが》えが強《つよ》まり、沖《おき》縄《なわ》や小笠原諸島《おがさわらしょとう》、朝鮮半島《ちょうせんはんとう》や台湾《たいわん》などでも和民族以外《わみんぞくいがい》の人《ひと》の改名《かいめい》が進《すす》められます。

戦後《せんご》も1985年《ねん》に国籍法《こくせきほう》、戸籍法《こせきほう》が改正《かいせい》されるまで、日本国籍《にほんこくせき》を取《と》る人《ひと》は「日本《にほん》人《じん》としてふさわしい名前《なまえ》」にするよう指導《しどう》されました。言《い》いかえれば日本語以外《にほんごいがい》の名前《なまえ》を持《も》っている人《ひと》は、それを変《か》えなければなりませんでした。

※ライターの瀧口夕美《たきぐちゆみ》さんは旧姓《きゅうせい》とアイヌ語名《ごめい》の名刺《めいし》を持《も》ち歩《ある》いています

旧姓使用願《きゅうせいしようねが》い

職場《しょくば》に旧姓《きゅうせい》（結婚前《けっこんまえ》の名字《みょうじ》）を使《つか》いたいと申《もう》し出《で》る手続《てつづ》きのこと。ミンタラで文《ぶん》とイラストを担当《たんとう》している３人《にん》は、旧姓《きゅうせい》で仕事《しごと》をしています。職場《しょくば》や職種《しょくしゅ》によっては、旧姓《きゅうせい》を使《つか》いやすい場合《ばあい》もあれば、手続《てつづ》きが必要《ひつよう》なこともあります。

私《わたし》たちの自由《じゆう》は、制度《せいど》があることで守《まも》られています。制度《せいど》は初《はじ》めからあったのではなく、それを必要《ひつよう》とする人《ひと》たちが要求《ようきゅう》して作《つく》られてきました。

旧姓《きゅうせい》を使《つか》う手続《てつづ》きがない（使《つか》えない）仕事《しごと》は、実《じつ》はめずらしくありません。みなさんが将来就《しょうらいつ》きたい仕事《しごと》も、そうかもしれません。その時《とき》に使《つか》いたい名前《なまえ》を使《つか》えるように求《もと》めてもいいですし、そもそも結婚《けっこん》で名字《みょうじ》を変《か》える必要《ひつよう》がなければ、もっと楽《らく》ですね。

みんなの選挙《せんきょ》
差《さ》別《べつ》させない世《よ》の中《なか》へ

私《わたし》たちの国《くに》やまちは、住民《じゅうみん》からお金《かね》（税金《ぜいきん》）を集《あつ》めて人《ひと》びとのために使《つか》ったり、人《ひと》びとが暮《く》らしやすいルールを作《つく》ったりします。何《なに》かを決《き》めるには、代表《だいひょう》が議会《ぎかい》で話《はな》し合《あ》います。その代表《だいひょう》＝議員《ぎいん》を選《えら》ぶのが選挙《せんきょ》です。日本国籍《にほんこくせき》なら、18歳《さい》になるとだれでも選挙《せんきょ》で投票《とうひょう》できます。

明治時代《めいじじだい》に議会《ぎかい》ができたとき、選挙《せんきょ》に参加《さんか》できるのはお金持《かねも》ちの男性《だんせい》だけでした。アイヌ民族《みんぞく》の中《なか》には、必要《ひつよう》な登《とう》録《ろく》がされず、選挙《せんきょ》に参加《さんか》できない人《ひと》もいました。

樺太《からふと》（サハリン）のまちの議会名簿《ぎかいめいぼ》には、昭和時代《しょうわじだい》の初《はじ》めごろまでに何人《なんにん》ものアイヌ男性《だんせい》が出《で》てくるそうです。

だれかへの差別《さべつ》に反対《はんたい》するのは自分《じぶん》や友人《ゆうじん》が差別《さべつ》されない社会《しゃかい》のため

いまでは、アイヌ民族《みんぞく》で国会議員《こっかいぎいん》になった人《ひと》もいますし、民族衣装《みんぞくいしょう》でまちの議会《ぎかい》に立《た》つ人《ひと》もいます。長《なが》い時間《じかん》をかけて、選挙《せんきょ》は女性《じょせい》や障《しょう》がい者《しゃ》も当《あ》たり前《まえ》に参加《さんか》するように変《か》わってきました。だれもが選挙《せんきょ》に参加《さんか》できれば、みんなの気持《きも》ちや願《ねが》いが通《つう》じやすくなります。

さて、今年《ことし》（2023年《ねん》）の選挙《せんきょ》で注目《ちゅうもく》されていることの一《ひと》つが「どうやって差別《さべつ》をなくすか」です。ニュースを見《み》ていると、同《おな》じ性《せい》の人《ひと》を好《す》きになる同性愛者《どうせいあいしゃ》などの性的《せいてき》少数者《しょうすうしゃ》に対《たい》する差別《さべつ》に、障《しょう》がいのある議員《ぎいん》が抗議《こうぎ》していることがあります。アイヌ民族《みんぞく》への差別《さべつ》をなくすことに、性《せい》的少数者《てきしょうすうしゃ》の議員《ぎいん》が取《と》り組《く》んでいることもあります。なぜ、ほかの人《ひと》への差別《さべつ》に反対《はんたい》するのでしょう。

それは、立場《たちば》はちがっても、「社会《しゃかい》に必要《ひつよう》ない」と言《い》われたり、困《こま》っているのに放《ほう》っておかれたりと、よく似《に》た経験《けいけん》をしているからです。だれかへの差別《さべつ》に反対《はんたい》することは、自《じ》分《ぶん》や友達《ともだち》が差別《さべつ》されない世《よ》の中《なか》を作《つく》ることなのです。

みなさんの学級会《がっきゅうかい》や児童会《じどうかい》はどうですか。

きょうのことば

マイノリティー

アイヌ民族《みんぞく》や性的少数《せいてきしょうすう》者《しゃ》、障《しょう》がい者《しゃ》を、マイノリティー（少数派《しょうすうは》）と呼《よ》ぶことがあります。その反対《はんたい》はマジョリティー（多数派《たすうは》）です。

数《かず》が多《おお》い・少《すく》ないというだけではありません。マジョリティーは社会《しゃかい》の進《すす》む方向《ほうこう》やルールを決《き》める力《ちから》を持《も》っています。

日本《にほん》では、女性《じょせい》と男性《だんせい》の力《ちから》のバランスが悪《わる》く、男性《だんせい》の方《ほう》が世《よ》の中《なか》のことを決《き》める力《ちから》が強《つよ》いと言《い》われます（2022年《ねん》に世界《せかい》の146カ国《こく》・地域《ちいき》で男女《だんじょ》のバランスの良《よ》さを比《くら》べると日本《にほん》は116位《い》）。女性《じょせい》は男性《だんせい》に比《くら》べて数《かず》が少《すく》ないわけではありませんが、日本《にほん》では男性《だんせい》がマジョリティー、女性《じょせい》がマイノリティーになっています。

社会《しゃかい》のバランスが悪《わる》いと、一部《いちぶ》の人《ひと》ばかりが我慢《がまん》することになる可能性《かのうせい》もあります。選挙《せんきょ》は、だれも我慢《がまん》しなくてよい国《くに》にするための第一歩《だいいっぽ》なのです。

平等《びょうどう》と公平《こうへい》

「平等《びょうどう》にしよう」「公平《こうへい》にしよう」。よく似《に》ているけれど、実《じつ》はまったくちがいます。平等《びょうどう》は、だれでも同《おな》じようにあつかうこと。一方《いっぽう》、公平《こうへい》は、だれもが同《おな》じくらい幸《しあわ》せになるように、必要《ひつよう》な配慮《はいりょ》をすることです。

異性《いせい》と結婚《けっこん》したい人《ひと》と同《おな》じように、同性《どうせい》と結婚《けっこん》したい人《ひと》のことも社会《しゃかい》が受《う》け入《い》れる。日本語《にほんご》で暮《く》らしたい人《ひと》と同《おな》じように、アイヌ語《ご》で暮《く》らしたい人《ひと》のことを社会《しゃかい》が受《う》け入《い》れ、それが本当《ほんとう》にできるように制度《せいど》を変《か》える。これが公平《こうへい》な社会《しゃかい》です。

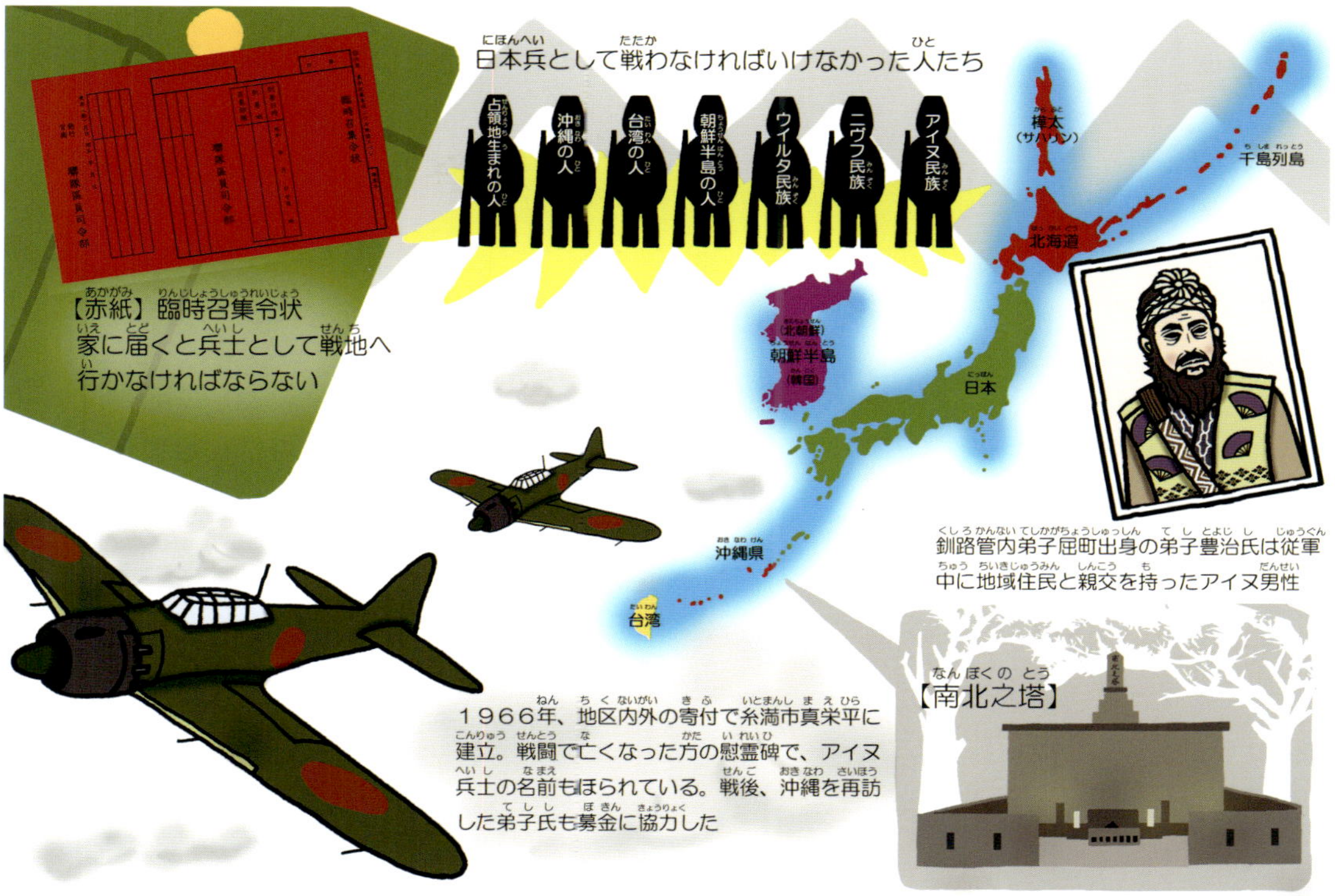

植民地《しょくみんち》の人《ひと》びとも召集《しょうしゅう》

「日本兵《にほんへい》」として戦争《せんそう》強制《きょうせい》

8月《がつ》は、15日《にち》の「終戦《しゅうせん》の日《ひ》」を中心《ちゅうしん》に戦争《せんそう》の話題《わだい》がつづきます。多《おお》くの人《ひと》をぎせいにした戦争《せんそう》をくり返《かえ》さないために、戦争《せんそう》で何《なに》があったかを伝《つた》えています。しかし、その戦争《せんそう》は「半分《はんぶん》しか伝《つた》えられていない」とも言《い》われます。

戦争《せんそう》で亡《な》くなった「日本兵《にほんへい》」には、アイヌ民族《みんぞく》や沖縄《おきなわ》の人《ひと》のほか（今《いま》の国《くに》や地域《ちいき》の名前《なまえ》でいうと）台湾《たいわん》、韓国《かんこく》や北《きた》朝鮮《ちょうせん》の人《ひと》もいました。明治時代《めいじじだい》に入《はい》ってから順《じゅん》に日本《にほん》の植民地《しょくみんち》になり、「日本人《にほんじん》」になって、日本《にほん》の国《くに》につくすように強制《きょうせい》されたのです。

樺太《からふと》（サハリン）に暮《く》らしてきたニヴフ民族《みんぞく》やウイルタ民族《みんぞく》も日本人《にほんじん》ではありませんが、日本語《にほんご》を強制《きょうせい》され、戦争《せんそう》に協力《きょうりょく》させられました。日本《にほん》が占領《せんりょう》した国《くに》で、日本人《にほんじん》との間《あいだ》に生《う》まれた人《ひと》も戦地《せんち》に送《おく》られました。武器《ぶき》の材料《ざいりょう》や食《た》べ物《もの》が足《た》りないため、人《ひと》びとは家《いえ》じゅうの金属《きんぞく》をさし出《だ》し、畑仕事《はたけしごと》をしました。スパイ活動《かつどう》や戦闘《せんとう》も求《もと》められ、子《こ》どもまで参加《さんか》させられることもありました。

言葉《ことば》がちがう人《ひと》をうたがう
「スパイ」と言《い》われて殺《ころ》された人《ひと》や自殺《じさつ》した人《ひと》

樺太《からふと》や沖縄《おきなわ》では、和民族《わみんぞく》が自分《じぶん》と言葉《ことば》がちがう人《ひと》をスパイだとして殺《ころ》し、うたがわれて自殺《じさつ》した人《ひと》もいました。中国《ちゅうごく》や東南《とうなん》アジアでは戦闘《せんとう》にまきこんではいけない民間人《みんかんじん》がぎせいになり、その数《かず》は2千万人《せんまんにん》をこえるという研究《けんきゅう》もあります。

1945年《ねん》（昭和《しょうわ》20年《ねん》）に日本《にほん》が戦争《せんそう》に負《ま》けたことで、日本《にほん》による占領《せんりょう》は終《お》わりました。沖縄《おきなわ》は1972年《ねん》までアメリカが占領《せんりょう》し、樺太《からふと》や千島列島《ちしまれっとう》は旧《きゅう》ソビエト連邦《れんぽう》（今《いま》のロシア）が占領《せんりょう》しました。アイヌ民族《みんぞく》にとっては自分《じぶん》たちの住《す》んでいた場所《ばしょ》が「日本《にほん》」とされ、こんどは急《きゅう》に「ソビエト」になったのです。このけっかアイヌ民族《みんぞく》は北海道《ほっかいどう》などに移住《いじゅう》し、そのまま帰《かえ》れずにいます。

戦争《せんそう》のニュースで、アイヌやウイルタ、ニヴフという民族《みんぞく》の名《な》が出《で》ることはほとんどありません。戦争《せんそう》は多《おお》くの命《いのち》をうばっただけでなく、今《いま》もさまざまな民族《みんぞく》がえいきょうを受《う》けていることを忘《わす》れずにいたいと思《おも》います。

きょうのことば

植民地《しょくみんち》

国《くに》はときどき広《ひろ》さが変《か》わり、ある国《くに》が国民《こくみん》ごと別《べつ》の国《くに》に取《と》りこまれることがあります。

話《はなし》を分《わ》かりやすくするために、国《くに》を会社《かいしゃ》、国民《こくみん》を社員《しゃいん》にたとえてみましょう。社《しゃ》員《いん》の数《かず》、言葉《ことば》や考《かんが》え方《かた》は会《かい》社《しゃ》ごとにちがいます。他《ほか》の会社《かいしゃ》と合併《がっぺい》すると、会社《かいしゃ》は大《おお》きくなりますが、小《ちい》さいままで十分《じゅうぶん》だと考《かんが》える会社《かいしゃ》もあります。ところが、大《おお》きな会社《かいしゃ》が無理《むり》に小《ちい》さい会《かい》社《しゃ》を取《と》りこみ、自分《じぶん》たちの言葉《ことば》や考《かんが》えをおしつけ、相《あい》手《て》のビルや工場《こうじょう》を取《と》ってしまったらどうでしょう。

歴史《れきし》の中《なか》では大《おお》きい国《くに》が軍隊《ぐんたい》の力《ちから》によって、無理《むり》やり他《ほか》の国《くに》を取《と》りこみ、土地《とち》を取《と》り、住人《じゅうにん》を働《はたら》かせることが世界各地《せかいかくち》でおきました。この取《と》りこんだ国《くに》や地域《いき》を植民地《しょくみんち》と言《い》います。

補償金《ほしょうきん》

日本《にほん》は1952年《ねん》に法律《ほうりつ》を作《つく》り、戦争《せんそう》でけがをしたり、亡《な》くなったりした軍人《ぐんじん》の遺族《いぞく》にお金《かね》がわたされることになりました。一方《いっぽう》、台湾《たいわん》や朝鮮半島《ちょうせんはんとう》の人《ひと》びと、ウイルタ民族《みんぞく》やニヴフ民族《みんぞく》などは日本国籍《にほんこくせき》ではないことを理由《りゆう》に、この法律《ほうりつ》によって守《まも》られませんでした。「日本人《にほんじん》」として戦争《せんそう》を手伝《てつだ》わなければならなかったのに、植民地《しょくみんち》だった地域《ちいき》の人《ひと》びとはとても不利《ふり》な立場《たちば》におかれました。

その後《あと》、1987～88年《ねん》に台湾《たいわん》、2000年《ねん》には朝鮮半島《ちょうせんはんとう》の人《ひと》びとに補償《ほしょう》をするための法律《ほうりつ》が作《つく》られました。しかし、敗戦《はいせん》から法律《ほうりつ》ができるまでに何十《なんじゅう》年《ねん》もたった上《うえ》、支払《しはら》われる金額《きんがく》も和民族《わみんぞく》の30分《ぶん》の１しかない場合《ばあい》があるなど、じゅうぶんな内容《ないよう》ではありませんでした。

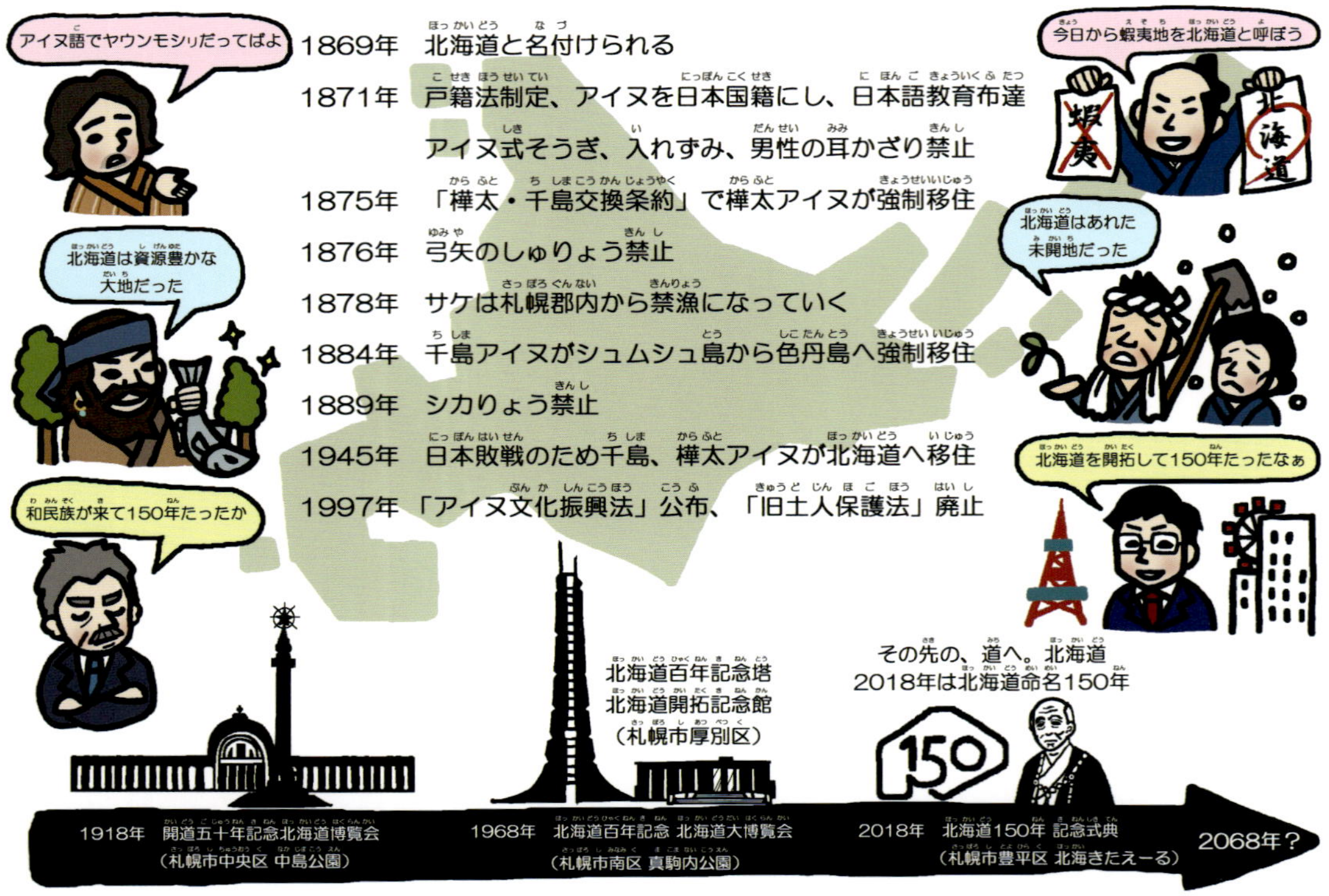

先住民族《せんじゅうみんぞく》の土地《とち》を「開拓《かいたく》」
祝《いわ》いの声《こえ》に消《け》された事実《じじつ》

11月《がつ》の第《だい》4木曜日《もくようび》はアメリカ合衆国《がっしゅうこく》の祝日《しゅくじつ》で、各地《かくち》で「感謝祭《かんしゃさい》（サンクスギビング）」という先住民族《せんじゅうみんぞく》にちなむ行《ぎょう》事《じ》が行《おこな》われます。ところが、この行事《ぎょうじ》は先住民族《せんじゅうみんぞく》から批判《ひはん》されています。なぜかというと、「感謝祭《かんしゃさい》の物語《ものがたり》はヨーロッパからの移住者《いじゅうしゃ》が先住民族《せんじゅうみんぞく》に受《う》け入《い》れられ、仲良《なかよ》くした」という美《うつく》しい部分《ぶぶん》ばかりがしょうかいされ、ヨーロッパ人《じん》の略奪《りゃくだつ》などで多《おお》くの先住民族《せんじゅうみんぞく》が亡《な》くなったり、その後《あと》も差別《さべつ》が続《つづ》いてきたりしたことが語《かた》られないのです。

オーストラリアでも、国《くに》の記念日《きねんび》に先住民族《せんじゅうみんぞく》による大規《だいき》模《ぼ》な抗議《こうぎ》が起《お》こったことがあります。1988年《ねん》はヨーロッパ人《じん》がオーストラリアに来《き》て200年《ねん》にあたり、お祝《いわ》いの計画《けいかく》が立《た》ちました。しかし、アボリジニにとって、この

200年《ねん》は多《おお》くの仲間《なかま》が苦《くる》しめられ、亡《な》くなった時代《じだい》です。節目《ふしめ》を祝《いわ》うのではなく、死者《ししゃ》を思《おも》い起《お》こして、いたむことをうったえたのです。

和民族《わみんぞく》による「開拓《かいたく》」がアイヌの暮《く》らし破壊《はかい》
土地《とち》失《うしな》い、伝染病《でんせんびょう》やうえも

2021年《ねん》9月《がつ》に「アイヌから見《み》た北海道《ほっかいどう》150年《ねん》」という本《ほん》が出《で》ました。2018年《ねん》に「北海道《ほっかいどう》」という名前《なまえ》がついて150年目《ねんめ》にあたることを祝《いわ》う行事《ぎょうじ》が行《おこな》われましたが、アイヌの中《なか》には、複雑《ふくざつ》な思《おも》いを持《も》つ人《ひと》びともいました。「開拓《かいたく》」100年《ねん》を祝《いわ》う催《もよお》しがあった50年前《ねんまえ》にも、抗議《こうぎ》が起《お》きました。和民族《わみんぞく》による「開拓《かいたく》」は、アイヌの暮《く》らしを壊《こわ》すことから始《はじ》まり、アイヌ民族《みんぞく》は土地《とち》を失《うしな》い、伝染病《でんせんびょう》やうえで多《おお》くの人《ひと》が亡《な》くなったからです。しかし、こうしたうったえは、ほとんど聞《き》かれることなく、お祝《いわ》いの声《こえ》でかき消《け》されていきました。

2018年《ねん》には「開拓《かいたく》」という言葉《ことば》をやめ、アイヌ文化《ぶんか》をしょうかいする行事《ぎょうじ》もありました。ただ、それ以上《いじょう》に松《まつ》浦武《うらたけ》四郎《しろう》をはじめ「アイヌに親切《しんせつ》だった」人《ひと》の物語《ものがたり》がたくさんしょうかいされました。

歴史《れきし》を考《かんが》えるには、双方《そうほう》の視点《してん》が大切《たいせつ》です。「アイヌから見《み》た」という表現《ひょうげん》には、そういう意味《いみ》がこめられています。

きょうのことば

感謝祭《かんしゃさい》（サンクスギビング）

1620年《ねん》、イギリスからアメリカのマサチューセッツ州《しゅう》に移住《いじゅう》した人《ひと》びとは、慣《な》れない土地《とち》での生活《せいかつ》に苦労《くろう》しました。そのとき、先住《せんじゅう》民族《みんぞく》のワンパノアグ民族《みんぞく》に助《たす》けられたので、感謝《かんしゃ》のパーティーを開《ひら》きました。これが後《のち》に感謝祭《かんしゃさい》になったと言《い》われています。

この2年前《ねんまえ》に、ワンパノアグ民族《みんぞく》は伝染病《でんせんびょう》でほとんどが亡《な》くなりました。イギリス人《じん》にとらえられ、どれいとしてスペインへ売《う》られる事件《じけん》も起《お》きていました。

初《はじ》めは親《した》しかった人《ひと》びともやがて戦《たたか》うことになり、ワンパノアグの王《おう》は殺《ころ》され、人《ひと》びとはどれいにされました。戦《たたか》いの勝利《しょうり》を祝《いわ》う時《とき》にも感謝祭《かんしゃさい》が行《おこな》われました。ワンパノアグ民族《みんぞく》は、感謝祭《かんしゃさい》の日《ひ》を「あいとう（人《ひと》の死《し》を悲《かな》しみ、いたむこと）の日《ひ》」とし、ぎせいになった人《ひと》びとをしのんでいます。

開拓《かいたく》

今《いま》からおよそ50年前《ねんまえ》には「開拓《かいたく》100年《ねん》」を祝《いわ》う行事《ぎょうじ》が行《おこな》われ、アイヌ民族《みんぞく》から抗議《こうぎ》の声《こえ》があがりました。「開拓《かいたく》」という言葉《ことば》は、あれ地《ち》や未開《みかい》の土地《とち》、つまりだれも住《す》んでいない、住《す》むには向《む》かない、仕事《しごと》もしにくい土地《とち》を使《つか》えるようにするという前向《まえむ》きな言葉《ことば》です。

しかし、私《わたし》たちアイヌ民族《みんぞく》は、和民族《わみんぞく》が来《く》る以前《いぜん》から自分《じぶん》たちの考《かんが》えやルールによって土地《とち》を使《つか》ってきました。和民族《わみんぞく》の政府《せいふ》は、そのルールを無視《むし》して制度《せいど》を作《つく》り、私《わたし》たちの土地《とち》を売《う》り、住《す》むところや暮《く》らし方《かた》、言葉《ことば》までも和民族《わみんぞく》が決《き》めたことに従《したが》わせました。

さらに、アイヌ民族《みんぞく》は長《なが》いあいだ「もうほとんどいない」「ほろびた」と言《い》われました。「開拓《かいたく》」の言葉《ことば》は、アイヌ民族《みんぞく》をますます見《み》えなくしてしまいます。

シャクシャインってどんな人《ひと》？

想像《そうぞう》してみよう

基本情報《きほんじょうほう》

・アイヌ民族《みんぞく》　・男性《だんせい》　・道東出身《どうとうしゅっしん》　・妹《いもうと》がいる
・戦《たたか》った時《とき》６４歳《さい》ぐらい　・シベチャリ（静内《しずない》）より東《ひがし》のリーダー

和民族《わみんぞく》と戦《たたか》ったシャクシャイン

不正《ふせい》に困《こま》った人《ひと》びとを率《ひき》いる

シャクシャインは江戸時代《えどじだい》の1669年《ねん》（寛文《かんぶん》9年《ねん》）に、和民族《わみんぞく》（松前藩《まつまえはん》）を相手《あいて》に戦《たたか》いを起《お》こした人物《じんぶつ》です。シベチャリ（今《いま》の日高管内新《ひだかかんないしん》ひだか町静内地区《ちょうしずないちく》）のとりであとに像《ぞう》が建《た》てられ、毎年《まいとし》9月《がつ》にこの人《ひと》を祭《まつ》る行事《ぎょうじ》が行《おこな》われます。

戦《たたか》いの記録《きろく》はほとんどが和民族《わみんぞく》のもので、記録《きろく》によって内容《ないよう》が食《く》いちがうところもあります。アイヌ民族《みんぞく》が伝《つた》えた話《はなし》もあり、和民族《わみんぞく》の記録《きろく》もアイヌ民族《みんぞく》の話《はなし》も共通《きょうつう》して、シャクシャインはもともと道東《どうとう》の男性《だんせい》だと伝《つた》えています。

シャクシャインの妹《いもうと》は、釧路《くしろ》のリーダーと結婚《けっこん》していたこともあり、シャクシャインは静内《しずない》より東《ひがし》に勢力《せいりょく》を持《も》っていました。戦《いくさ》を起《お》こした時《とき》は、64歳《さい》くらいだったといいます。宗谷《そうや》や今《いま》の留萌管内増毛町《るもいかんないましけちょう》、イヨチ（今《いま》の後志管内余《しりべしかんないよ》

市町《いちちょう》）など日本海側《にほんかいがわ》のアイヌ民族《みんぞく》にも一緒《いっしょ》に戦《たたか》うよう呼《よ》びかけました。広《ひろ》い地域《ちいき》にえいきょう力《りょく》を持《も》っていたのです。

「シャクシャイン像《ぞう》」2018年《ねん》に建《た》て替《か》え かんむりかぶり、あいさつするしぐさ

シャクシャイン像《ぞう》は、2018年《ねん》に建《た》てかえられました。古《ふる》い像《ぞう》は勇《いさ》ましく仲間《なかま》を指揮《しき》するポーズ、新《あたら》しい像《ぞう》はおいのり用《よう》のかんむりをかぶって、あいさつをするしぐさをしています。どちらもししゅうが入《はい》った着物《きもの》を着《き》ています。

このころのアイヌ民族《みんぞく》は、どういう姿《すがた》をしていたのでしょう。シャクシャインが登場《とうじょう》する歴史《れきし》まんがなどでも、えがき方《かた》はいろいろです。記録《きろく》によると、アイヌ民族《みんぞく》は毒矢《どくや》とやり、刀《かたな》、鉄砲《てっぽう》を持《も》ち、よろいを身《み》に着《つ》けた人《ひと》、和服《わふく》を着《き》ていた人《ひと》もいたようです。

女性《じょせい》も刀《かたな》を持《も》って戦《たたか》ったり、矢《や》をよける防具《ぼうぐ》をつけて戦《せん》場《じょう》に行《い》ったりしたとあります。日本海側《にほんかいがわ》のリーダーたちは中国製《ちゅうごくせい》の絹織物《きぬおりもの》を着《き》ていました。

シャクシャインのむすめむこは庄太夫《しょうだゆう》という和民族《わみんぞく》でした。砂金《さきん》をほる、タカをとるといった仕事《しごと》をしていた和民《わみん》族《ぞく》の中《なか》には、アイヌ民族《みんぞく》についた人《ひと》もいたのです。こうした記録《きろく》を見《み》つつ「シャクシャインの軍勢《ぐんぜい》」を思《おも》いうかべると、イメージが変《か》わってきますね。

きょうのことば

シャクシャインの戦《たたか》い

戦《たたか》いが起《お》きる前《まえ》から、イヨチ（今《いま》の後志《しりべし》管内《かんない》余市《よいち》町《ちょう》）など日本海側《にほんかいがわ》の人《ひと》びとも、松前《まつまえ》の和民族《わみんぞく》の不正《ふせい》に困《こま》っていました。それまでは米《こめ》1俵《ぴょう》（約《やく》30キログラム入《い》り）と干《ほ》したサケ100本《ぽん》を取《と》りかえていましたが、やがて和民族《わみんぞく》は俵《たわら》を半分以《はんぶんい》下《か》の大《おお》きさ（約《やく》12キログラム入《い》り）にしました。

さらに、和民族《わみんぞく》はアイヌ民族《みんぞく》からサケを買《か》わずに、自《じ》分《ぶん》たちで取《と》りはじめました。イヨチのリーダーであるケクラケという人《ひと》が松前《まつまえ》に行《い》って抗議《こうぎ》すると「勝手《かって》に松《まつ》前《まえ》に来《き》たので首《くび》を切《き》る」と暴力的《ぼうりょくてき》に追《お》い返《かえ》されました。

太平洋側《たいへいようがわ》や日本海側《にほんかいがわ》のアイヌ民族《みんぞく》が戦《たたか》いましたが、松前藩《まつまえはん》はシャクシャインに和睦《わぼく》を申《もう》しこみ、応《おう》じたところを殺《ころ》してしまいました。これ以後《いご》、アイヌ民族《みんぞく》に不《ふ》満《まん》を言《い》わせないようにおどしを強《つよ》めました。

山丹服《さんたんふく》

昔《むかし》の中国《ちゅうごく》で作《つく》られた美《うつく》しい着物《きもの》です。錦織《にしきおり》という織《お》り方《かた》としししゅうで、りゅうなどの文様《もんよう》がつけられています。山丹《さんたん》とはアムール川河口《がわかこう》あたりの地《ち》域《いき》の呼《よ》び名《な》で、ここから樺太《からふと》を通《とお》って中国《ちゅうごく》などのさまざまな品物《しなもの》が北海道《ほっかいどう》まで運《はこ》ばれてきました。

いつの時代《じだい》も自分《じぶん》たちで作《つく》る物《もの》より、なかなか手《て》に入《はい》らない貴重《きちょう》な物《もの》の方《ほう》が大切《たいせつ》にされます。この着物《きもの》の美《うつく》しさは特《とく》に有名《ゆうめい》で、和民族《わみんぞく》も求《もと》めました。

松前藩《まつまえはん》の初代藩主《しょだいはんしゅ》となった蠣崎慶広《かきざきよしひろ》は、徳川家康《とくがわいえやす》に会《あ》うときに山丹《さんたん》の錦《にしき》を身《み》に着《つ》けていき、その場《ば》でぬいでプレゼントしました。こうした着物《きもの》はお茶《ちゃ》の道具《どうぐ》や、おぼうさんのけさなどに仕立《した》て直《なお》して使《つか》われることもあり、本州《ほんしゅう》の各地《かくち》に今《いま》でも残《のこ》っています。

「アイヌと神々《かみがみ》の物語《ものがたり》 炉端《ろばた》で聞《き》いたウウェペケレ」

萱野《かやの》　茂《しげる》・著《ちょ》

この本《ほん》には、長短《ちょうたん》あわせ、全部《ぜんぶ》で38のウウェペケレ（「ウエペケレ」ともかく、昔話《むかしばなし》）がおさめられています。これらは、子《こ》どもだけが楽《たの》しむものではなく、大人《おとな》になってからの生《い》き方《かた》を支《ささ》える教訓《きょうくん》でもありました。思《おも》いがけないことが起《お》こった時《とき》、人《ひと》はそれにどう対処《たいしょ》すべきか。人《ひと》としてのあり方《かた》、心《こころ》がまえを、ウウェペケレが教《おし》えたのです。

たとえば、「人食《ひとく》いじいさんと私《わたし》」という話《はなし》があります。

主人公《しゅじんこう》の少女《しょうじょ》は、おじいさんに大事《だいじ》に育《そだ》てられました。少女《しょうじょ》がおじいさんのお世話《せわ》をできるほどに成長《せいちょう》したころから、おじいさんはなぜか、ねてばかりいるようになり、少女《しょうじょ》も気《き》がめいるほどでした。ある日《ひ》おじいさんは少女《しょうじょ》に「自分《じぶん》は本当《ほんとう》は人食《ひとく》い人間《にんげん》なのだ」と告白《こくはく》します。大事《だいじ》に育《そだ》ててきたおまえを、私《わたし》はこともあろうに食《く》いたくなったのだ、と。

さあ、少女《しょうじょ》はこのあと、いったいどのように行動《こうどう》するのでしょうか。物語《ものがたり》のなりゆきのなかに、アイヌのものの考《かんが》え方《かた》、難問《なんもん》への対処《たいしょ》のしかたが語《かた》られています。

それぞれの物語《ものがたり》の後《あと》に、民具《みんぐ》や習慣《しゅうかん》についての短《みじか》い「解説《かいせつ》」があり、理解《りかい》をたすけてくれます。

（2020年《ねん》、ヤマケイ文庫《ぶんこ》　1210円《えん》）

イペアンロー！

チェプ　オハウ

サケでおいしいスープ

人《ひと》はその土地《とち》にあるおいしいものを工夫《くふう》して調理《ちょうり》し、食《た》べてきました。アイヌ料理《りょうり》も同《おな》じです。かつては塩《しお》や油《あぶら》で調味《ちょうみ》しましたが、時代《じだい》が新《あたら》しくなる（現代《げんだい》に近《ちか》づく）につれ、新《あたら》しい調味料《ちょうみりょう》や調理《ちょうり》法《ほう》を取《と》り入《い》れてきました。アイヌ料理《りょうり》って、どんなもの？ それぞれの地域《ちいき》や家庭《かてい》ごとに調理法《ちょうりほう》が違《ちが》います。おうちで作《つく》れそうな料《りょう》理《り》は作《つく》り方《かた》もふくめて、しょうかいします。

食事《しょくじ》の中心《ちゅうしん》となるのは、オハウ（スープ）です。野菜《やさい》や海藻《かいそう》、鳥《とり》やけものの肉《にく》、魚《さかな》、キノコなど、季節《きせつ》ごとのおいしいものや、干《ほ》して保存《ほぞん》した食材《しょくざい》を使《つか》って、具《ぐ》だくさんのスープにします。道東地方《どうとうちほう》では、エゾシカの骨《ほね》を2日ほどかけて煮《に》て作《つく》る「ポネオハウ（骨《ほね》のスープ）」もあります。具《ぐ》だくさんのスープで、体《からだ》は温《あたた》まり、おなかもいっぱい。はじめに、サケのスープをごしょうかいします。トッピングとして、マカヨ（フキノトウ）をちらします。火《ひ》であぶって薄皮《うすかわ》をむいてからきざんで入《い》れると、春《はる》らしい、いいかおりがします。

チェプ オハウ（魚《さかな》のスープ）

材《ざい》 料《りょう》（4人分《にんぶん》）

- 生《なま》ザケ … 4切《き》れ（アラでも、塩《しお》ザケでもよい）
- ダイコン … 約《やく》10センチ
- ニンジン … 小《しょう》1本《ぽん》
- だし用《よう》のコンブ … 約《やく》10センチを1枚《まい》
- 水《みず》 … 1〜1.2リットル
- 塩《しお》 … 適量《てきりょう》
- フキノトウ（花《はな》のさいたもの）… 2本《ほん》

作《つく》り方《かた》

1. サケは食《た》べやすい大《おお》きさに切《き》り、ダイコン、ニンジンは乱切《らんぎ》りにする。フキノトウは葉《は》を取《と》り、くきの皮《かわ》をコンロであぶって取《と》り、小口切《こぐちき》りにしておく。
2. なべに水《みず》とコンブを入《い》れて火《ひ》にかけ、ダイコンとニンジンを煮《に》る。
3. 野菜《やさい》がやわらかくなったら、サケを入《い》れる。
4. アクをとり、サケに火《ひ》がとおったら、塩《しお》で味《あじ》をととのえ、フキノトウをちらして、できあがり！
具《ぐ》はほかにジャガイモやゴボウ、ハクサイなどを入《い》れてもよい。干《ほ》したプクサ（ギョウジャニンニク）や長《なが》ネギをちらすこともあります。

ぶたキトチヂミ

万能《ばんのう》！ ギョウジャニンニク

春《はる》になり野原《のはら》で山菜《さんさい》が採《と》れるころになると、女性《じょせい》たちは山《やま》に行《い》きたくて、そわそわしていたものです。近《ちか》ごろはスーパーでも見《み》かけるようになったギョウジャニンニク。ニンニクやニラのようなにおいがします。天《てん》ぷらにしてもおいしいし、ジンギスカンやすみそ和《あ》えで食《た》べたことがある人《ひと》もいるかも。

アイヌ語《ご》では、「キト」や「プクサ」と呼《よ》び、昔《むかし》から汁物《しるもの》やおかゆの具《ぐ》にしたり、煮《に》て油《あぶら》で和《あ》えたり、たきこみご飯《はん》にして食《た》べられてきました。おすすめはさっとゆでたキトを、しょうゆと酒《さけ》を3対《たい》1の割合《わりあい》でまぜたつけ汁《じる》（めんつゆでもよい）に、きざんだコンブとともに一晩《ひとばん》つけこむ、しょうゆづけ！ きざんで納豆《なっとう》に入《い》れても、冷《ひ》ややっこにのせてもおいしいです。

昔《むかし》からキトをかんそうさせて保存《ほぞん》し、山《さん》菜《さい》の採《と》れない期間《きかん》にも食《た》べてきました。また、風邪《かぜ》をひいたらキトを煮《に》て湯気《ゆげ》を吸《す》ったり、煮《に》じるを飲《の》んで体《からだ》を温《あたた》めたりしました。強《つよ》いにおいが病魔《びょうま》をはらうと考《かんが》え、戸《と》口《ぐち》につるして病気《びょうき》ばらいのようにも使《つか》いました。今回《こんかい》はそんな万能選手《ばんのうせんしゅ》のキトを、韓《かん》国料理《こくりょうり》のチヂミに入《い》れましたよ!

ぶたキトチヂミ

材料《ざいりょう》（2人分《にんぶん》）

- キト … 10本《ぽん》ほど
- ぶたバラ肉《にく》（うす切《ぎ》り）… 100グラム
- 生地《きじ》（小麦粉《こむぎこ》100グラム・卵《たまご》1個《こ》・水《みず》80cc・塩《しお》ひとつまみ）
- ごま油《あぶら》 … 少々《しょうしょう》
- つけだれ（しょうゆ・す各大《かくおお》さじ1）

作《つく》り方《かた》

1. キトは洗《あら》って4センチほどに切《き》る。ぶた肉《にく》も長《なが》ければ10センチほどに切《き》る。
2. ボウルに生地《きじ》の材料《ざいりょう》をすべて入《い》れてまぜる。生地《きじ》にキトを入《い》れておく。
3. ごま油《あぶら》をひいたフライパンで肉《にく》のりょうめんを焼《や》き、一度《いちど》取《と》り出《だ》す。
4. 同《おな》じフライパンに❷の生地《きじ》を丸《まる》く流《なが》しこむ。下《した》面《めん》が固《かた》まってきたら、❸の肉《にく》をのせる。下面《したためん》が焼《や》けたら裏返《うらがえ》して約《やく》3分《ぷん》焼《や》く。
5. 包丁《ほうちょう》で食《た》べやすい大《おお》きさに切《き》る。つけだれをそえてできあがり。たれにコチュジャンやトウガラシを入《い》れ、からくしてもおいしい。

イペアンロー！

ラタシケプ

味《あじ》の決《き》め手《て》　おいしい油《あぶら》

ラタシケプ（合《あ》わせ煮《に》）は、アイヌ料《りょう》理《り》のなかでも代表的《だいひょうてき》なおかずです。ラタシケプは、和食《わしょく》の和《あ》え物《もの》のようなあっさりしたものから、野菜《やさい》や豆《まめ》を汁気《しるけ》がなくなるまで煮《に》こんで、練《ね》りあげて作《つく》るものまでいろいろあります。味《あじ》の決《き》め手《て》は仕《し》上《あ》げの油《あぶら》。アイヌ料理《りょうり》では、あまみを引《ひ》き出《だ》すのによく油《あぶら》が使《つか》われます。

もともとはシカやクマなどの動物《どうぶつ》や、アザラシ、トド、シャチ、クジラなどの海獣《かいじゅう》、タラやイワシなどの魚《さかな》の脂《あぶら》を使《つか》いました。なべに入《い》れて弱火《よわび》で脂分《あぶらぶん》をとかしだしたり、水《みず》で煮《に》て、ういた脂分《あぶらぶん》を取《と》りだします。火《ひ》を通《とお》しては上《うわ》ずみをすくう、という作業《さぎょう》をていねいにくりかえすほど、おいしい油《あぶら》ができたといいます。

できあがった油《あぶら》は、オハウにかけたり、たきこみご飯《はん》に入《い》れたり、団子《だんご》のたれに使《つか》います。油《あぶら》は体《からだ》を動《うご》かす力《ちから》となり、体温《たいおん》を保《たも》つ役目《やくめ》があります。

和食《わしょく》でよく豆《まめ》ごはんに入《い》れるエンドウマメとジャガイモで、ラタシケプを作《つく》りましょう。ここではクルミ油《あぶら》を使《つか》いましたが、みなさんもコーン油《あぶら》、なたね油《あぶら》など、好《す》きな油《あぶら》を使《つか》ってみてください。

エンドウマメのラタシケプ

材料《ざいりょう》（2、3人分《にんぶん》）

- ◆ エンドウマメ … 50グラム
- ◆ ジャガイモ … 3、4個《こ》
- ◆ クルミ油《あぶら》（なたね油《あぶら》、サラダ油《あぶら》などでもよい）… 50cc
- ◆ 塩《しお》 … 適量《てきりょう》

作《つく》り方《かた》

1. エンドウマメはさやから出《だ》す。ジャガイモは皮《かわ》をむいて一口大《ひとくちだい》に切《き》る。
2. なべにジャガイモとエンドウマメを入《い》れ、ひたひた位《くらい》の水《みず》を入《い》れてゆでる。
3. ジャガイモがやわらかくなったらお湯《ゆ》を捨《す》て、温《あたた》かいうちにマッシャーやフォークなどでジャガイモだけをつぶす。
4. 塩《しお》で味《あじ》をととのえ、最後《さいご》に油《あぶら》を回《まわ》し入《い》れて、弱《よわ》火《び》にかけながら、へらなどでよくまぜあわせてできあがり！

エンドウマメもジャガイモもあまくておいしい、シンプルな味付《あじつ》けです。

ワカメのヤマウ

夏《なつ》にぴったり冷《つめ》たい汁物《しるもの》

夏《なつ》にぴったり、ヤマウをごしょうかいします。ヤマウはヤㇺオハウとも言《い》い、冷《つめ》たいオハウ（汁物《しるもの》）のことです。

汗《あせ》をかく季節《きせつ》は、水分《すいぶん》とともに、塩分《えんぶん》を取《と》ることも大事《だいじ》だといわれます。コンブがふんだんにとれる日高地方《ひだかちほう》では、夏場《なつば》、コンブだしと干《ほ》し魚《ざかな》を使《つか》い、塩気《しおけ》のきいたヤマウを食《た》べたそうです。さました塩味《しおあじ》のスープは暑《あつ》い日《ひ》の食事《しょくじ》にぴったりだったことでしょう。

干《ほ》し魚《ざかな》は、魚《さかな》がたくさんとれる時期《じき》にまとめて作《つく》ります。サケやマス、ウグイやキュウリウオなどをいったん火《ひ》であぶってから、いろりでいぶして薫製《くんせい》にします。

今回《こんかい》はタラの干物《ひもの》を使《つか》います。皮《かわ》や骨《ほね》をつけたまま干《ほ》したスケソウダラや、マダラで作《つく》るすきみタラなど、干《ほ》しタラは種類《しゅるい》も豊富《ほうふ》。塩味《しおあじ》のこさは、それぞれにちがいがあり、干《ほ》しタラの塩味《しおあじ》だけで十分《じゅうぶん》な場合《ばあい》もあります。しょっぱくなりすぎないよう、味《あじ》をみながら作《つく》ってください。

ワカメのヤマウ

材料《ざいりょう》（3人分《にんぶん》）

- 干《ほ》しタラ …40グラム
- だしコンブ …10センチほど1枚《まい》
- 水《みず》 …900cc
- 塩蔵《えんぞう》ワカメ …30グラム
- 青《あお》ネギ …2〜3本《ぼん》
- 塩《しお》 …適量《てきりょう》

作《つく》り方《かた》

1. なべに水《みず》とだしコンブを入《い》れ、コンブだしを取《と》る。塩《しお》を入《い》れて味《あじ》をととのえ、さましておく。
2. タラは皮《かわ》や骨《ほね》がついていればはずし、こまかくさいておく。
3. 塩蔵《えんぞう》ワカメは水《みず》にひたしてもどし、食《た》べやすい大《おお》きさに切《き》っておく。
4. コンブだしに❷を入《い》れておき、タラの身《み》が好《この》みのやわらかさになったところで、❸を入《い》れる。青《あお》ネギの輪切《わぎ》りをちらしてできあがり！

氷《こおり》やキュウリのスライスを好《この》みで入《い》れてもおいしい。

イペアンロー！

ムシ（ゼリー）

魚《さかな》の皮《かわ》煮《に》つめてぷりぷり感《かん》

お祭《まつ》りなどの特別《とくべつ》な日《ひ》に作《つく》る、樺太《からふと》（サハリン）でよく食《た》べられていたデザート、「ムシ」を作《つく》ってみましょう。

ツルコケモモ、ハスカップ、ハイマツの実《み》などのベリー類《るい》と、クリやユリ根《ね》などを入《い》れて作《つく》ります。

ぷりぷりしておいしいゼリーを作《つく》る時《とき》、寒天《かんてん》やゼラチンのほかに、何《なに》を使《つか》うことができるでしょう？

じつは、魚《さかな》の皮《かわ》や肉《にく》などを煮《に》つめて、ぷりぷり感《かん》を出《だ》すことができます！　魚《さかな》や肉《にく》の煮《に》ものをつくった翌日《よくじつ》、煮汁《にじる》がゼリーのように固《かた》まっていることがあります。それが「煮《に》こごり」で、和食《わしょく》でもこの調理法《ちょうりほう》は使《つか》われています。

サケを使《つか》ったムシの場合《ばあい》、新鮮《しんせん》な生《なま》ザケの皮《かわ》をよく洗《あら》い、細《こま》かく切《き》って煮《に》つめます。

私《わたし》は生《なま》ザケの切《き》り身《み》を買《か》ってきて、ムシを作《つく》ったことがあります。少《すこ》しの量《りょう》の皮《かわ》でも、たしかにムニっと固《かた》まりました。最後《さいご》にほんのりサケのかおり。もう少《すこ》し修業《しゅぎょう》が必要《ひつよう》だと感《かん》じる味《あじ》でしたが、ゼラチンで固《かた》めて作《つく》るより、不思議《ふしぎ》なコクがありました。ベリーのすっぱさがサケのくさみを消《け》すのだとか。今回《こんかい》は手軽《てがる》にできるゼラチンを使《つか》ったムシを作《つく》ります。

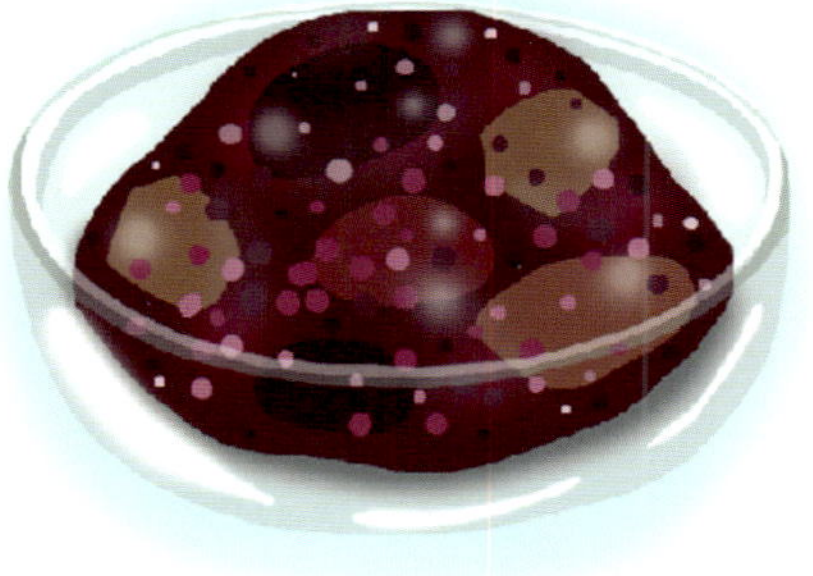

ムシ（ゼリー）

材料《ざいりょう》（作《つく》りやすい分量《ぶんりょう》）

- ベリー類《るい》（イチゴ、ブルーベリー、ラズベリー、クランベリーなど）… 合《あ》わせて100グラム
- パックのむきグリ … 50グラム
- 水《みず》 … 250cc
- ゼラチン … 5グラム
- 砂糖《さとう》 … 50グラム

作《つく》り方《かた》

1. ゼラチンは大《おお》さじ3ほどの水《みず》でふやかしておく。
2. なべに水《みず》、ベリー類《るい》、砂糖《さとう》を入《い》れ、実《み》をつぶしながら、砂糖《さとう》がとけるまで煮《に》る。
3. ❷にクリとゼラチンを入《い》れて、よくまぜる。あら熱《ねつ》がとれたら容器《ようき》に入《い》れ、冷蔵庫《れいぞうこ》で冷《ひ》やしてできあがり！

ベリー類《るい》は、冷凍《れいとう》のミックスベリーが使《つか》いやすい。

イペアンロー！

シト（だんご）

イモやカボチャ　おやつに

おやつにぴったり、「シト」（だんご）をごしょうかいします。

シトにはいろいろな種類《しゅるい》があり、お祝《いわ》いごとや先祖《せんぞ》へのおいのりなど、ぎしきのときにはかかせないものです。知《し》り合《あ》いを訪《たず》ねるときのおみやげにしたり、遠《とお》くに出《で》かける時《とき》のお弁当《べんとう》としても作《つく》りました。

シトの代表的《だいひょうてき》な材料《ざいりょう》は、トゥレプ（オオウバユリ）の球根《きゅうこん》からとれるでんぷんでした。また、ヒエ、アワ、イナキビ、米《こめ》などのアマム（雑穀《ざっこく》）を、ニス（うす）とイユタニ（きね）で粉《こな》にして、お湯《ゆ》で練《ね》ってだんごにしました。

時代《じだい》が新《あたら》しくなる（現代《げんだい》に近《ちか》づく）につれて使《つか》う粉《こな》の種類《しゅるい》も増《ふ》え、もち米《ごめ》や小麦《こむぎ》粉《こ》、そば粉《こ》、上新粉《じょうしんこ》や白玉粉《しらたまこ》なども使《つか》って、さまざまなだんごが作《つく》られるようになります。現代《げんだい》ではおやつとしてよく食《た》べられています。

今回《こんかい》は、ジャガイモを使《つか》ったイモシトと、カボチャを使《つか》ったカンポチャシトを作《つく》りましょう。アイヌ語《ご》でもイモはイモ（またはエモ）、カボチャはカンポチャといいます。

イモシト（イモのだんご）

材料《ざいりょう》（作《つく》りやすい分量《ぶんりょう》）

- ◆ ジャガイモ … 中《ちゅう》3～4個《こ》
- ◆ 片栗粉《かたくりこ》 … 大《おお》さじ3ほど（ようすを見《み》ながら増《ふ》やす）
- ◆ サラダ油《あぶら》 … 適量《てきりょう》

カンポチャシト（カボチャのだんご）

材料《ざいりょう》（作《つく》りやすい分量《ぶんりょう》）

- ◆ カボチャ … 4分《ぶん》の1個《こ》
- ◆ 片栗粉《かたくりこ》 … 大《おお》さじ3～4ほど（カボチャによってふくまれる水分《すいぶん》がちがうので、ようすを見《み》ながら増《ふ》やす）
- ◆ サラダ油《あぶら》 … 適量《てきりょう》

だんごの作《つく》り方《かた》

1. イモ、カボチャは皮《かわ》をむき、それぞれ一口大《ひとくちだい》に切《き》り、なべでやわらかくなるまでゆでる（電子《でんし》レンジで5分《ふん》ほど加熱《かねつ》してもよい）。
2. 火《ひ》が通《とお》ったらそれぞれボウルなどに移《うつ》し、熱《あつ》いうちにつぶして片《かた》栗粉《くりこ》をまぜ、よく練《ね》る。
3. フライパンに油《あぶら》をひいて熱《ねっ》し、弱《よわ》火《び》で両面《りょうめん》をじっくり焼《や》いて出来上《できあ》がり！

サラダ油《あぶら》の代《か》わりにバターで焼《や》いてもおいしい。

イペアンロー！

チポㇿサヨ

スジコのおかゆ　秋《あき》のごちそう

魚《さかな》のことをアイヌ語《ご》で「チェㇷ゚」といい、とくにサケをさす場合《ばあい》は、シペ（ほんとうの・食《た》べ物《もの》）や、カムイチェㇷ゚（神《かみ》の魚《さかな》）と呼《よ》んだりもします。サケは、それほどアイヌにとって大事《だいじ》で身近《みぢか》な食《た》べ物《もの》です。

身《み》は塩焼《しおや》きにしたり、オハウ（スープ）にしたり、ルイペ（さしみ）で食《た》べます。大量《たいりょう》にとれたら、身《み》を開《ひら》き、干《ほ》して保存《ほぞん》しました。もちろんチポㇿ（スジコ）もおいしく食《た》べました。チポㇿ入《い》りのおかゆをごしょうかいします。

チポㇿは、スジコやタラコなどの魚卵《ぎょらん》のこと。半煮《はんに》えにしてつぶしたサケのチポㇿを、ゆでたジャガイモやシト（だんご）に、からめて食《た》べました。秋《あき》だけの特別《とくべつ》なごちそうですね。

サヨ（おかゆ）もよく食《た》べた料理《りょうり》で、たくさんの種類《しゅるい》があります。山菜《さんさい》、キノコ、豆《まめ》、海藻《かいそう》などを具《ぐ》にします。昔《むかし》はピヤパ（ヒエ）をよく使《つか》ったようです。ピヤパは、サヨのほか、ごはんのようにたいたり、お酒《さけ》の原料《げんりょう》にもしました。

あたたかいピヤパサヨは甘味《あまみ》があってとてもおいしい！　ヒエは自然食品《しぜんしょくひん》のお店《みせ》などで売《う》られています。

チポㇿサヨ（スジコ入《い》りのおかゆ）

材料《ざいりょう》（作《つく》りやすい分量《ぶんりょう》）

- ヒエ（米《こめ》でもよいし、米《こめ》とヒエを合《あ》わせてもよい）… 1合《ごう》
- 水《みず》 … 1〜1.5リットル
- スジコ（しょうゆや塩《しお》など、好《この》みの味付《あじつ》けのもの）… 適量《てきりょう》

作《つく》り方《かた》

1. ヒエは目《め》の細《こま》かいザルでよく洗《あら》い、水《みず》とともになべに入《い》れ、中火《ちゅうび》〜弱火《よわび》でにる。水分《すいぶん》が減《へ》ってきたら水《みず》を少《すこ》しずつ加《くわ》え、よく煮《に》る。
2. やわらかく煮《に》えたら、スジコを加《くわ》えてできあがり。

昔《むかし》は、おかゆと一緒《いっしょ》に生《なま》のスジコを煮《に》こんで作《つく》りましたが、スジコは煮《に》るとコチコチにかたくなります。

イペアンロー！

カボチャのラタㇱケㇷ゚

豆《まめ》やシケㇾペとよく煮《に》こむ

野《や》菜《さい》や豆《まめ》をにて作《つく》るおかず、ラタㇱケㇷ゚。今回《こんかい》はカボチャで作《つく》ってみましょう。

ラタㇱケㇷ゚は、材料《ざいりょう》によっていろいろな種類《しゅるい》があり、コウㇱ・ラタㇱケㇷ゚（ねばねばする・まぜたもの）は、カボチャや豆《まめ》、トウモロコシなど干《ほ》して保存《ほぞん》できる材料《ざいりょう》を、水《みず》でもどしてよく煮《に》こみ、ねりあげて作《つく》ります。ご先祖様《せんぞさま》にいのるときなど、大《おお》きな行《ぎょう》事《じ》に欠《か》かせない料理《りょうり》のひとつです。

よく入《い》れるのはシケㇾペ（キハダの実《み》）です。シケㇾペニ（キハダの木《き》）はミカン科《か》なので、実《み》もかむとオレンジの皮《かわ》のようなかおりがして、苦味《にがみ》があります。苦手《にがて》な人《ひと》もいますが、ラタㇱケㇷ゚の味《あじ》のアクセントになります。シケㇾペはかぜやぜんそく、のどの痛《いた》みにもきくといわれます。よく煮《に》つめて、ときどきなめたり、お湯《ゆ》でといて飲《の》んだそうです。

山《やま》の中《なか》でシケㇾペニがある場所《ばしょ》を覚《おぼ》えておいて、秋《あき》、実《み》が黒《くろ》く色《いろ》づいたらとりに行《い》き、干《ほ》して保存《ほぞん》します。シケㇾペが手《て》に入《はい》れば、ぜひ入《い》れてほしいですが、なくても、おいしく出来上《できあ》がります。

カボチャのラタㇱケㇷ゚（カボチャのまぜに）

材料《ざいりょう》（作《つく》りやすい分量《ぶんりょう》）

- ◆ カボチャ … 4分《ぶん》の1個《こ》
- ◆ トウモロコシ … 30〜50グラム
- ◆ 金時豆《きんときまめ》（かために煮《に》たもの）… おたま2〜3ばい
- ◆ シケㇾペ（前日《ぜんじつ》から水《みず》でふやかしておく）…20〜30つぶ
- ◆ クルミ … 10〜20グラム
- ◆ 砂糖《さとう》 … 大《おお》さじ3（好《この》みの量《りょう》）
- ◆ 塩《しお》 … 小《こ》さじ2分《ぶん》の1（好《この》みの量《りょう》）
- ◆ 上新粉《じょうしんこ》 … 大《おお》さじ3ほど
- ◆ クルミ油《あぶら》（ほかの油《あぶら》でもよい）… 大《おお》さじ4〜5

作《つく》り方《かた》

1. カボチャは種《たね》をとり、一口大《ひとくちだい》に切《き》ってなべに入《い》れ、かぶるぐらいの水《みず》を入《い》れて煮《に》る。
2. カボチャに火《ひ》が通《とお》ったら、金時《きんとき》豆《まめ》とクルミ、トウモロコシ、シケㇾペを入《い》れ、よくまぜる。
3. 砂糖《さとう》、塩《しお》、油《あぶら》を入《い》れて味《あじ》をつけたら、上新粉《じょうしんこ》を少《すこ》しずつ入《い》れ、弱火《よわび》でねりながらまぜて出来上《できあ》がり。豆《まめ》は、に豆《まめ》にするものならなんでもよい。パックやかんづめを使《つか》うと簡単《かんたん》です。トウモロコシもかんづめや冷凍《れいとう》でよい。

イペアンロー！

コンプシト

コンブのたれ　だんご甘《あま》く

コンブだれをからめて食《た》べるだんご、コンプシト（コンブだれのだんご）をごしょうかいします。シトは、お祝《いわ》いごとや先祖《せんぞ》へのおいのりなど儀式《ぎしき》のときには必《かなら》ず作《つく》られます。材料《ざいりょう》はヒエ、アワ、イナキビ、米《こめ》などのアマㇺ（雑穀《ざっこく》）や、山菜《さんさい》の根《ね》から取《と》ったでんぷんなど、いろいろな種《しゅ》類《るい》があります。

シトにつけだれをつけて食《た》べることもあります。チポㇿ（サケやマスのスジコ）をつぶしたり、ハッ（ブドウ）やマウ（ハマナス）をつぶしたり、煮《に》つめたり、干《ほ》した山菜《さんさい》やキノコを細《こま》かくきざんで煮《に》つめたたれなどがあります。

今日《きょう》はコンプ（コンブ）のたれを作《つく》ってみましょう。砂糖《さとう》のあまい味付《あじつ》けは、大人《おとな》も子《こ》どもも大好《だいす》き。もとはコンプの産地《さんち》、日高地方《ひだかちほう》の料理《りょうり》でしたが、今《いま》ではあちこちで作《つく》られています。最初《さいしょ》にコンプを油《あぶら》であげるとコクがあっておいしいのですが、油《あぶら》がはねてあぶないので、トースターで焼《や》きましょう。シトは冷《さ》めてもやわらかいように、水《みず》の代《か》わりにお豆腐《とうふ》を使《つか》ってみましたよ。

コンプシト（コンブだれのだんご）

材料《ざいりょう》（作《つく》りやすい分量《ぶんりょう》）

- コンブ … 10センチの長《なが》さのだしコンブを6枚《まい》
- 水《みず》… 200cc
- 砂糖《さとう》… 30g
- なたね油《あぶら》… 大《おお》さじ1
- 上新粉《じょうしんこ》… 100g
- きぬごし豆腐《どうふ》… 150g

作《つく》り方《かた》

1. コンブはトースターにならべて5分《ふん》ほどパリパリに焼《や》く。2分《ふん》ほどでぱちぱちと音《おと》がし、ポコポコと小《ちい》さくふくらむので、こげないように様《よう》子《す》を見《み》る。はしなどで取《と》り出《だ》して、あら熱《ねつ》が取《と》れたら、ビニールぶくろに入《い》れ、めんぼうなどでつぶして細《こま》かくする。
2. なべに❶と水《みず》を入《い》れ、ふっとうしたら弱火《よわび》にして10分《ぷん》ほど煮《に》る。コンブがどろっとしてきたら、砂糖《さとう》で味《あじ》を付《つ》ける。こげないようにへらで混《ま》ぜながら、なたね油《あぶら》を入《い》れる。
3. ボウルに上新粉《じょうしんこ》ときぬごし豆腐《どうふ》を入《い》れてよくこね、直径《ちょっけい》5センチほどの平《たい》らな形《かたち》にまとめる。
4. ❸をお湯《ゆ》でゆでる。うき上《あ》がってきてから、さらに3分《ぷん》ほどゆっくりゆでるのがコツ。
5. ❹のシトに❷のたれをからめて、できあがり！

イペアンロー！

チカリペ

野菜《やさい》とタラコであえもの

樺《から》太地方《ふとちほう》（サハリン）の「チカリペ」（あえもの、まぜに）をごしょうかいします。「チカリペ」はほかの地域《ちいき》のアイヌ語《ご》では「ラタシケプ」といいます。野菜《やさい》やまめなどを汁気《しるけ》がなくなるまで、とろとろに煮《に》こむものから、サラダに似《に》たあえものまで、いろいろな種類《しゅるい》があります。

樺太地方《からふとちほう》では、ゆでたアハトゥリ（エゾノリュウキンカ）の根《ね》や葉《は》に、細切《ほそぎ》りのコンブをあわせ、オットセイやアザラシなどの動物《どうぶつ》からとったあぶらと、スジコ（サケやマスの卵《たまご》）であえたりしました。

十勝地方《とかちちほう》で育《そだ》った私《わたし》の母《はは》と「チカリペ」の話《はなし》をしていたら、母《はは》は「私《わたし》もよく食《た》べたよ」といいました。みぢかな材料《ざいりょう》でできる、かんたんなチカリペを作《つく》ってみましょう。

ホウレンソウとタラコのチカリペ（あえもの）

材料《ざいりょう》（作《つく》りやすい分量《ぶんりょう》）

- ホウレンソウ … 1束《たば》
- タラコ … 1本《ぽん》（半腹《はんはら》）
- なたね油《あぶら》（ほかの油《あぶら》でもよい） … 小《こ》さじ2

作《つく》り方《かた》

1. ホウレンソウはよくあらって、包丁《ほうちょう》でくきの部分《ぶぶん》と葉《は》の部分《ぶぶん》にわける。なべに湯《ゆ》をわかし、くきの部分《ぶぶん》を先《さき》に、すこしたったら葉《は》の部分《ぶぶん》を入《い》れ、全体《ぜんたい》で1分《ぷん》ほどゆでる。ゆであがったら水《みず》にとって一度《いちど》さます。水気《みずけ》をしぼって、食《た》べやすい長《なが》さに切《き》る。
2. タラコをまな板《いた》の上《うえ》に置《お》き、包丁《ほうちょう》でうす皮《かわ》に1本切《ぽんき》れ目《め》を入《い》れて、シリコンのヘラなどでこそげとって皮《かわ》をはずし、ボウルに入《い》れる。
3. ❷のタラコに❶のホウレンソウを入《い》れて、あえる。しあげになたね油《あぶら》を加《くわ》え、かるくまぜてできあがり！

カラシナやうすく切《き》ったウドなど、ほかの野菜《やさい》でもおいしい。ゆでたコンブの細切《ほそぎ》りや、ワカメを加《くわ》えてもよい。

イペアンロー！

チサッスイェㇷ゚

お祭《まつ》りで食《た》べる特別《とくべつ》なごはん

「チサッスイェㇷ゚」（ごはん）はアイヌ語《ご》で「私《わたし》たちがたくもの」という意味《いみ》です。アマㇺ（穀物《こくもつ》）は、寒《さむ》い間《あいだ》もたくわえておける大事《だいじ》な食料《しょくりょう》ですから、お祭《まつ》りなど特別《とくべつ》なときに食《た》べます。お米《こめ》（シアマㇺ）だけでたくのではなく、豆類《まめるい》やメンクㇽ（イナキビ）、ピヤパ（ヒエ）やムンチロ（アワ）などを一緒《いっしょ》にたきました。昔《むかし》はしあげに、魚《さかな》のタラからとった脂《あぶら》を入《い》れたそうです。

黄色《きいろ》いつぶつぶのメンクㇽが入《はい》ったごはんは、ほんのりあまくてとてもおいしいです。子《こ》どものころ、お祭《まつ》りのときなどに食《た》べるのが楽《たの》しみでした。

メンクㇽは、粉《こな》にしてサヨ（おかゆ）に入《い》れたり、野菜《やさい》などを煮《に》て作《つく》るラタシケㇷ゚に入《い》れたり、お団子《だんご》にしたりもしました。

メンクㇽとキミ（トウモロコシ）の入《はい》ったごはんをたきましょう。メンクㇽは、「もちきび」という名《な》で売《う》られています。

メンクㇽとキミのチサッスイェㇷ゚（イナキビとトウモロコシ入《い》りごはん）

材料《ざいりょう》（4人分《にんぶん》）

- 米《こめ》 … 3合《ごう》
- イナキビ … 1合《ごう》
- トウモロコシ … 100グラム
- 水《みず》 … 適量《てきりょう》
- 塩《しお》 … 小《こ》さじ2分《ぶん》の1～1

作《つく》り方《かた》

1. 米《こめ》とイナキビを目《め》の細《こま》かいザルで洗《あら》う。容器《ようき》に移《うつ》して水《みず》を加減《かげん》し、30分《ぷん》ほどひたしておく。
2. トウモロコシと塩《しお》を入《い》れて炊飯器《すいはんき》でたく。なべや土《ど》なべでたくときは、650ミリリットルほどの水《みず》を入《い》れて中火《ちゅうび》から強火《つよび》にかけ、ふっとうしたら弱火《よわび》にして10～15分《ふん》たく。
3. たきあがったら、ふたをとらずに10分《ぷん》ほどむらす。むらしたら、全体《ぜんたい》をかるくまぜあわせて、できあがり！

トウモロコシは生《なま》でも冷凍《れいとう》やかんづめでもよい。

イペアンロー！

チスイェプ

コマイでつくる煮物《にもの》

コマイという魚《さかな》をしっていますか？　20センチぐらいのタラ科《か》の魚《さかな》で、干《ほ》してカチカチに固《かた》くなったものが、おつまみとして売《う》られています。金《かな》づちでたたいてやわらかくしたり、ストーブであぶったりして食《た》べるととてもおいしいですね。干《ほ》したコマイをもどして「チスイェプ」（煮物《にもの》）を作《つく》りましょう。チスイェプはアイヌ語《ご》で「私《わたし》たちが煮《に》るもの」という意味《いみ》です。

コマイは「氷下魚《こまい》」とも書《か》きますが、これは、冬《ふゆ》にこおった水面《すいめん》の下《した》で泳《およ》いでいることから漢字《かんじ》をあてたもので、よみ方《かた》の「コマイ」はアイヌ語《ご》です。ほかに「カンカイ」と呼《よ》ぶこともあります。

私《わたし》の母《はは》は、子《こ》どものころ、このカチカチに干《ほ》されたコマイを水《みず》でもどし、煮付《につ》けにしたものをよく食《た》べたそうです。コマイを水《みず》でもどすのには時間《じかん》がかかりますが、おつまみとはまた別《べつ》のおいしさです。

コマイのチスイェプ（コマイのにつけ）

材料《ざいりょう》（2、3人分《にんぶん》）

- ◆ コマイ（干《ほ》したもの）… 3びき
- ◆ しょうゆ … 大《おお》さじ3
- ◆ さとう … 大《おお》さじ3
- ◆ みりん … 大《おお》さじ2

作《つく》り方《かた》

❶ コマイを食品保存容器《しょくひんほぞんようき》などに入《い》れ、水《みず》にひたして、包丁《ほうちょう》で切《き》れるくらいになるまで、3〜4日冷蔵庫《かれいぞうこ》に入《い》れておく。毎日《まいにち》1回水《かいみず》をかえる。

❷ ❶を3等分程度《とうぶんていど》の食《た》べやすい大《おお》きさに切《き》り、なべに入《い》れて、かぶるくらいの水《みず》を入《い》れ、中火《ちゅうび》にかける。ふっとうしたら弱火《よわび》にし、コマイがやわらかくなったら、しょうゆとさとう、みりんを入《い》れ、さらに10分《ぷん》ほどにて、できあがり！

カチカチだったコマイが、はしでポロリとほぐれるくらいになります。水《みず》でもどす前《まえ》に、はさみでひれなどを切《き》り落《お》としてもよいでしょう。

イペアンロー！

ペカンペ

ヒシの実《み》 調理法《ちょうりほう》 たくさん

道《どう》東《とう》の厚岸町《あっけしちょう》に「別寒辺牛」という地名《ちめい》があります。どう読《よ》むかわかりますか？

「べかんべうし」、「ペカンペのあるところ」という意味《いみ》です。アイヌ語《ご》の地名《ちめい》は、場所《ばしょ》の特徴《とくちょう》を表《あらわ》すことが多《おお》いです。今回《こんかい》はペカンペ、ヒシの実《み》をしょうかいします。

ペカンペは「水《みず》の上《うえ》にあるもの」という意味《いみ》です。池《いけ》やぬまの水面《すいめん》にひし形《がた》の葉《は》を広《ひろ》げ、秋《あき》にはとげのある三角形《さんかくけい》の実《み》をつけます。同《おな》じ道東《どうとう》の標茶町《しべちゃちょう》にある塘路湖《とうろこ》は、ペカンペがとれる湖《みずうみ》として有名《ゆうめい》です。

かたい皮《かわ》の中《なか》には、ハート形《がた》の種子《しゅし》が入《はい》っています。アイヌ民族《みんぞく》はこれをご飯《はん》やおかゆに入《い》れたり、豆《まめ》のように煮《に》たりして食《た》べてきました。干《ほ》して保存《ほぞん》もできます。

生《なま》では食《た》べず、必《かなら》ずゆでます。皮《かわ》をむくのは大人《おとな》に手伝《てつだ》ってもらいましょう。下《した》ごしらえは大変《たいへん》だけど、クリのような、ほんのりあまいホクホクした味《あじ》です。

ペカンペご飯《はん》

材料《ざいりょう》（4人分《にんぶん》）

- ペカンペ … 30〜40つぶ
- メンクㇽ（いなきび）… 大《おお》さじ3
- 米《こめ》 … 3合《ごう》
- 塩《しお》 … 小《こ》さじ2分《ぶん》の1

作《つく》り方《かた》

1. ペカンペは皮《かわ》つきのまま洗《あら》い、一晩水《ひとばんみず》にひたしてアクをぬく。
2. なべにペカンペと水《みず》を入《い》れ、塩《しお》（分量外《ぶんりょうがい》）を入《い》れて10分《ぷん》ほどゆでる。ざるにあけて冷《さ》まし、皮《かわ》をむく。
3. といだ米《こめ》を水加減《みずかげん》して、ペカンペ、メンクㇽ、塩《しお》をれてたく。

「クマにあったらどうするか ―アイヌ民族《みんぞく》最後《さいご》の狩人《かりうど》　姉崎《あねざき》　等《ひとし》」

姉崎《あねざき》　等《ひとし》・語《かた》り手《て》　片山《かたやま》龍峯《たつみね》・聞《き》き書《が》き

姉崎等《あねざきひとし》さんは1923年《ねん》（大正《たいしょう》12年《ねん》）、和民族《わみんぞく》の父《ちち》とアイヌの母《はは》のもとに生《う》まれました。12歳《さい》で父《ちち》を亡《な》くし、そのころから山《やま》でわなを使《つか》って小動物《しょうどうぶつ》をとるようになり、やがてじゅうを使《つか》う「クマうち」になりました。

姉崎《あねざき》さんの一番《いちばん》のお師匠《ししょう》さんは、クマです。クマの後《うし》ろについて山《やま》を歩《ある》き、クマがどのように暮《く》らすのか、よく観察《かんさつ》しました。ですから姉崎《あねざき》さんは、クマの立場《たちば》に立《た》って考《かんが》え、アイヌに伝《つた》わる習慣《しゅうかん》とくらべてみることもできるのです。

狩人《かりうど》ですから、山《やま》でクマとにらみ合《あ》うこともあります。なぜそうなるのか、そんな時《とき》にどうしたらいいか。

本《ほん》の中《なか》で「彼《かれ》らは人《ひと》を襲《おそ》うというよりは、遠慮《えんりょ》しながら人間《にんげん》のそばで暮《く》らしている動物《どうぶつ》ではないかと思《おも》うんです」と語《かた》っています。クマが暮《く》らす場所《ばしょ》がせまくなり、その行動《こうどう》も変《か》わってきているのです。

小学校低学年《しょうがっこうていがくねん》の人《ひと》には少《すこ》し難《むずか》しいかもしれませんが、大人《おとな》と一緒《いっしょ》に読《よ》んでください。

（2014年《ねん》、筑摩書房《ちくましょぼう》　924円《えん》）

すごろくアキロー！

アイヌ民族《みんぞく》にとって、1年《ねん》は、緑《みどり》のサクパ（春《はる》・夏《なつ》）と寒《さむ》いマタパ（秋《あき》・冬《ふゆ》）に分《わ》かれます。そんなアイヌ民族《みんぞく》の昔《むかし》の暮《く》らしや季節《きせつ》の行事《ぎょうじ》に思《おも》いをたどりながら、すごろくで遊《あそ》びましょう。

和民族《わみんぞく》がお正月《しょうがつ》を祝《いわ》うように、サクパとマタパの始《はじ》まりを祝《いわ》うコタンノミ（村祭《むらまつ》り）は盛大《せいだい》な行事《ぎょうじ》です。

ニンニンケッポ（ホタル）が飛《と》ぶと、昔《むかし》はカジキ漁《りょう》の季《き》節《せつ》でした。風《かぜ》がすずしくなるころは、湖《みずうみ》に浮《う》かぶペカンペ（ヒシの実《み》）がおいしくなります。このころには畑《はたけ》のエモ（じゃがいも）やキミ（とうもろこし）、カンボチャ（かぼちゃ）も収穫《しゅうかく》を待《ま》っています。

やがて雪《ゆき》の季節《きせつ》が近《ちか》づき、サケやシシャモが川《かわ》を上《のぼ》るようになると、魚《さかな》を迎《むか》えるカムイノミ（おいのり）の季節《きせつ》がやってきます。

マタパになると、昔《むかし》の樺太《からふと》では犬《いぬ》ぞりが大活躍《だいかつやく》です。みんな集《あつ》まってマラットコロ（宴会《えんかい》）、子《こ》どもたちはウパシアイヌ（雪《ゆき》だるま）を作《つく》って遊《あそ》びます。

年《とし》があけ、やがてだんだん雪《ゆき》が雨《あめ》に変《か》わります。2月《がつ》の雨《あめ》は「シャチ神《がみ》が子《こ》を洗《あら》う雨《あめ》」、3月《がつ》の雨《あめ》は「クマ神《がみ》が子《こ》を洗《あら》う雨《あめ》」といいます。このころ神様《かみさま》たちの子《こ》どもが生《う》まれるといいます。こうして、1日《にち》1日《にち》と、マタパの終《お》わりが近《ちか》づきます。

スタート！
すごろくアキロー！
（すごろくしよう！）
マカヨ
（フキノトウ）
プクサ
（ギョウジャニンニク）
ピットㇰ
（オオハナウド）
山菜採《さんさいと》り
オハウ
（スープ）
マラットコㇿ（宴会《えんかい》）
みんなここで止《と》まる
アイヌ語《ご》を三《みっ》つ言《い》
食《た》べ過《す》ぎ
1回休《かいやす》み
カムイチセ
（神様《かみさま》の家《いえ》）
アットゥシ
（布《ぬの》）
犬《いぬ》ぞり
スサㇺ
（シシャモ）
ニヌㇺ
（クルミ）
ハッ
（ヤマブドウ）
カルㇱ
（キノコ）
マタパ（秋《あき》・冬《ふゆ》）
冬《ふゆ》の終《お》わりの雨《あめ》
ゴール!!
ウパㇱアイヌ
（雪《ゆき》だるま）
雪遊《ゆきあそ》び
魚《さかな》をむかえる
カムイノミ
（おいのり）
大収穫《だいしゅうかく》
3コマ進《すす》む
ペカンペ
（ヒシの実《み》）
サキペ
（マス）
マウ
（ハマナス

あとがき

この『ミンタㇻ』の1巻《かん》はいろいろな地域《ちいき》のアイヌの昔話《むかしばなし》、2巻《かん》ではいろいろな時代《じだい》の人《ひと》を紹介《しょうかい》しました。2巻《かん》が出《で》てから2年《ねん》がたち、ニュースフムフムの連載《れんさい》からは3年半《ねんはん》がたちました。その間《あいだ》に世《よ》の中《なか》では、新型《しんがた》コロナウイルスの流行《りゅうこう》や、オリンピック・パラリンピックの開催《かいさい》など大《おお》きなできごとがいくつも起《お》こりました。研究《けんきゅう》の世界《せかい》では、アイヌ民族《みんぞく》についてのこれまでの研究《けんきゅう》で良《よ》くなかった点《てん》が話《はな》し合《あ》われるようになりました。ヨーロッパの博物館《はくぶつかん》からは、研究《けんきゅう》用《よう》に保管《ほかん》されていたアイヌ民族《みんぞく》の遺骨《いこつ》や、素晴《すば》らしい資料《しりょう》が帰《かえ》ってきたというニュースもあります。大学《だいがく》や公的《こうてき》な団体《だんたい》からは、アイヌ民族《みんぞく》への差別《さべつ》を許《ゆる》さないという宣言《せんげん》が出《だ》されました。明《あか》るい話題《わだい》の一方《いっぽう》で、ロシアによる戦争《せんそう》のため、ロシアの先住民族《せんじゅうみんぞく》と交流《こうりゅう》したり、ロシア国内《こくない》にあるアイヌの資料《しりょう》を調《しら》べたりすることは難《むずか》しくなりました。良《よ》いこと困《こま》ったことをふくめ、いろいろな変化《へんか》を知《し》るために、ニュースは大切《たいせつ》ですね。

この連載《れんさい》にもいくつか変化《へんか》したところがあります。2022年《ねん》4月《がつ》からは瀧口夕美《たきぐちゆみ》さんに加《くわ》わっていただき、記事《きじ》であつかうことがらの幅《はば》が広《ひろ》くなりました。2023年《ねん》7月《がつ》からは、ミンタㇻの紙面《しめん》が大《おお》きく変《か》わり、この連載《れんさい》は瀧口《たきぐち》さんと私《わたし》（北原《きたはら》）が交代《こうたい》で記事《きじ》を書《か》くようになりました。小笠原小夜《おがさわらさよ》さんは、キレイなイラストをずっと描《えが》いてくださっています。これからも、アイヌについてのあれこれをみなさんにお伝《つた》えできればと思《おも》います。

作者《さくしゃ》しょうかい

文章《ぶんしょう》

北原　モコットゥナㇱ

（きたはら　モコットゥナㇱ）

1976年《ねん》、東京都《とうきょうと》生《う》まれ。日高管内平取町《ひだかかんないびらとりちょう》にいた祖母《そぼ》はヤンケモシリ、日本語地名《にほんごちめい》の樺太《からふと》（現在《げんざい》のロシア・サハリン州《しゅう》）生《う》まれで、当時《とうじ》の暮《く》らしや言葉《ことば》を教《おし》えてもらった。18歳《さい》の時《とき》に札幌《さっぽろ》に来《き》てアイヌ文化《ぶんか》の勉強《べんきょう》を始《はじ》めた。むかしのアイヌ民族《みんぞく》の暮《く》らし、特《とく》に言葉《ことば》、音楽《おんがく》、文学《ぶんがく》、宗教《しゅうきょう》のことを調《しら》べている。長《なが》い歴史《れきし》の中《なか》で生《う》まれてきたアイヌ文化《ぶんか》を広《ひろ》くしょうかいして、未来《みらい》へつなぎたいと思《おも》っている。札幌市在住《さっぽろしざいじゅう》。北海道大学《ほっかいどうだいがく》アイヌ・先住民《せんじゅうみん》研究《けんきゅう》センター教授《きょうじゅ》。

文章《ぶんしょう》

瀧口　夕美

（たきぐち　ゆみ）

1971年《ねん》、釧路市《くしろし》生《う》まれ。にぎやかな阿寒湖畔《あかんこはん》のアイヌコタンで育《そだ》ち、幼少期《ようしょうき》からアイヌの踊《おど》りなどを習《なら》い、両親《りょうしん》が経営《けいえい》する土産物店《みやげものてん》の手伝《てつだ》いなどをする。

母《はは》が十勝管内浦幌町《とかちかんないうらほろちょう》の出身《しゅっしん》なので、大人《おとな》になってからアイヌ語十勝方言《ごとかちほうげん》の勉強《べんきょう》を始《はじ》めた。子《こ》どものころ聞《き》きながしていたアイヌ語《ご》の意味《いみ》がわかって、びっくり。それ以来《いらい》、アイヌ語《ご》が大好《だいす》き。

現在《げんざい》、京都府京都市在住《きょうとふきょうとしざいじゅう》。編集《へんしゅう》グループSURE《シュアー》という出版社《しゅっぱんしゃ》の代表《だいひょう》をつとめている。

絵《え》

小笠原　小夜

（おがさわら　さよ）

1973年《ねん》、小樽市《おたるし》生《う》まれ。静内《しずない》と様似《さまに》にルーツを持《も》ち、2023年《ねん》からアイヌ文化《ぶんか》を学《まな》ぶために平取町《びらとりちょう》で暮《く》らしている。

小《ちい》さなころから絵《え》を描《えが》くのが大好《だいす》きで、イラストレーターとして、これまで学《まな》んだアイヌの世界《せかい》をわかりやすくえがく仕事《しごと》をしている。これまで千葉県《ちばけん》や大阪府《おおさかふ》、カナダの博物館《はくぶつかん》に作品《さくひん》が展示《てんじ》された。

〈**協力**〉
団体：（公財）アイヌ民族文化財団
千歳アイヌ協会
千歳市役所

個人：伊藤敦規（国立民族学博物館）
コッター・マシュー（北星学園大学）
西山涼（平取町アイヌ文化振興公社）
平村太幹（平取町アイヌ文化振興公社）

ブックデザイン　韮塚 香織

ミンタラ❸　アイヌ民族《みんぞく》 33のニュース
2024 年 11 月 14 日　　初版第 1 刷発行

編　著　北原《きたはら》 モコットゥナシ・瀧口《たきぐち》 夕《ゆ》美《み》
絵　小笠原 小夜
発行者　惣田 浩
発行所　北海道新聞社
〒 060-8711　札幌市中央区大通東 4 丁目 1
出版センター tel. 011・210・5744
印刷所　株式会社アイワード

乱丁・落丁本は出版センターにご連絡ください。お取り換えいたします。
ISBN978-4-86721-147-2